LAOZI SIXIANG
YU
TOUZI SIWEI

老子思想
与投资思维

悟涛 著

山西出版传媒集团
山西经济出版社

图书在版编目（CIP）数据

老子思想与投资思维 / 悟涛著 . -- 太原 ：山西经
济出版社，2023.9
　　ISBN 978-7-5577-1181-8

　　Ⅰ．①老… Ⅱ．①悟… Ⅲ．①《道德经》－应用－投
资分析 Ⅳ．① F830.593

中国国家版本馆 CIP 数据核字（2023）第 154464 号

老子思想与投资思维

著　　者：悟　涛
出 版 人：张宝东
选题策划：吕应征　乔　一
责任编辑：司　元
装帧设计：姵　琦

出 版 者：山西出版传媒集团·山西经济出版社
地　　址：太原市建设南路 21 号
邮　　编：030012
电　　话：0351-4922133（市场部）
　　　　　0351-4922085（总编办）
E - m a i l：scb@sxjjcb.com（市场部）
　　　　　zbs@sxjjcb.com（总编室）

经 销 者：山西出版传媒集团·山西经济出版社
承 印 者：廊坊市煜盈印务有限公司

开　　本：880mm×1230mm　1/32
印　　张：12
字　　数：301 千字
版　　次：2023 年 9 月　第 1 版
印　　次：2023 年 9 月　第 1 次印刷
书　　号：ISBN 978-7-5577-1181-8
定　　价：68.00 元

自　序

　　这是一本投资人的读书笔记，也是一本《老子》训诂笺疏。正如明朝憨山禅师在《注道德经序》中所言"注乃人人之老庄，非老庄之老庄也。"作为一个微观投资人，我更注重从财富与投资的视域思考问题。人们通常喜欢求财，似乎读书考试、上班工作、买卖生意皆在围绕寻找财富而展开。但是世上芸芸众生，觅得财富之门者寥寥无几。这也就是为什么世界上的 80% 的财富都集中在 20% 的人手上之原因所在。于是人们都会追寻财富之门到底在哪里？这当然需要有足够大的智慧与能力。进入 21 世纪的中国，在世界政治、经济、文化各领域已经占据了举足轻重的地位。中华民族许多有识之士明白并且也用事实去证明，中华传统文化蕴藏着巨大财富。当中国人将视线回归先祖，从先秦诸子思想中寻找治世图强答案的时候，猛然看见了老子哲学闪烁的智慧光芒，它"光而不耀，执大象，天下往"，它是至今在世界上传播最广，影响最为深远的思想。老子的哲学思想不但深深地影响了东方价值观，包括孔、儒家部分思想，王明阳心学，乃至现代毛泽东思想中的矛盾论、实践论；甚至也深刻地影响了西方的哲学观，包括德国古典哲学黑格尔的辨证法。在当代金融投资界，老子哲学的影响也非常深远。有人统计，当代读《道德经》这本书的人群里面，金融界人士是最多的，研究也很深，并且以此来指导企业实践落实到经营管理中也取得卓越成就。通览老子五千言（后世尊称为《道德经》），辩证而深入地思考之后，我发现其中隐藏着一扇通往财富的大门。当然这就需要"玄鉴"。此书通行本，后世之人一般将其分为上下两部即道经与德经。用奇门遁甲概而言之，上部若可称之为"生门论道"，下部亦可称之为"开门用德"。故此书亦可命名为《财门玄鉴》，希望本书能为广大读者、大众投资人，打开大吉大利之财门，启迪幸福智慧之人生。

诗云：

　　　财门开合，玄鉴天地；有无相生，尊道贵德。

目　录

上 部

生门论道

《老子指略》有言"夫物之所以生，功之所以成，必生乎无形，由乎无名。无形无名者，万物之宗也。"故欲入财门，先明其宗。老子用三十七篇文章论道，皆明宗追源，"体自然而生，起乎无因，终乎无终，穷乎无穷，极乎无极。为天地立根，布气于十方。"（《太极左仙公葛玄造道德经序》）修心而玄鉴，禅定而证悟。正如《烟波钓叟歌》："生门六丙合六丁，此为天遁自分明。"（奇门遁甲）故《财门玄鉴》之上，生门论道。中国人凡事讲天时、地利、人和，其根本在于为人应当明白天道运行之自然法则，从而"上得天时，下识地利，中通人和"，所以世间众人做生意，求发财，论投资，想赚钱，亦当先从此门证入，即求"财"先求"道"。

第一章

道始玄妙，无有同根

[原文]

道，可道，非常道；名，可名，非常名。无，名天地之始；有，名万物之母。故常无，欲以观其妙；常有，欲以观其徼。此两者，同出而异名，同谓之玄。玄之又玄，众妙之门。

[本章综述]

大约 2500 年前，李耳（字聃，周朝守藏室史官，世人皆尊称其为"老子"）路过函谷关（今河南灵宝北王垛村），应关令尹喜（字文公，甘肃天水人，周代楚康王大夫）所求著书，于是乃著五千言书，老子从此西行隐去，莫知所终。此书本无章节断句，亦无书名，后世通常将其一分为二，即上下两部；上部称《道经》，下部称《德经》，合起来世人尊称为《道德经》。

《道经》开篇第一章，讲了一个非常玄妙的观点，这是老子哲学起点立论，也是老子思想的核心逻辑基础。第一章文字不多，但听起来很玄，很抽象；所以如果读者从未接触过老子思想，首先就要去理解和接受这一章内容是比较困难的，这也是大多数人很难入《道德经》之门的原因所在；但是当通览《道德经》八十一章后，人们就会发现，老子的立论是多么简明扼要，而且也非常容易施行，"吾言甚易知，甚易行；天下莫能知，莫能行"（第七十章），因为老子哲学核心思想主要是讲"有"和"无"之间的关系（包括后面讲"动"与"静"等关系），所谓"大道至简"。即阐述事物发展的辩证过程，而这种万事万物辩证发展，又互相转化的动态过程，看不见也摸不着，所以它是玄妙的，玄之又玄。而正是这种玄妙是有力量的，具有无穷大之能量。正因为是无穷大，所以才叫"大"，名之曰"道"的力量，也称之为"大道之学"。所以我们学《道德经》一定要完整全面理解，不可存偏见。为此老子在阐述大道之学的过程中也进行了很多具象比喻，它可以具象为山和水、天和地、天和人等，明了这些一阴一阳（即太极图像）的关系，就可以比较完整、比较全面地理解老子的大道智慧。

[注释与解读]

道，可道，非常道；名，可名，非常名。（通行本）

注："可道之道，可名之名，指事造形，非其常也，故不可道，不可名也。"

按：常，恒常之状态也。而道是永恒的，无物之形状，无声无音，无色无味，所以不可以说道，也不可以命名。"道"不是一样东西，因此，无从为它命名。（冯友兰）

疏：本句可以参考长沙马王堆汉墓帛书甲本来对照理解。

道，可道也，非恒道也。

名，可名也，非恒名也。

整句直译：

什么是道？道是可以用语言表述出来的，但是当我把"道"表述清晰的时候，它就不是恒久永存的"道"了，因为"道"是看不见也摸不着。"道本无相无名，不可言说。"（憨山）

什么是名？我可以给它起一个名字，但是这并不是它恒久永存的名字。"道本无名，今既强名曰道，是则凡可名者，皆假名耳。"（憨山）

无名天地之始，有名万物之母。（通行本断句读法。）

注：凡有，皆是始于无，故未行无名之时，则为万物之始。及其有形有名之时，则长之，育之，亭之，毒之，为其母也。言道以无形无名始成万物，（万物）以始以成而不知其所以（然），玄之又玄也。（王弼）

　　无，名天地之始；有，名万物之母。（本人认同这种断句读法，这两句在断句问题上学术界一直有不同的看法，宋代的司马光、王安石、苏辙等皆同此断法。）

　　按：从这一种断句来看，我们就明白，在这里，老子提出了两个不同而又相互对立的概念，一个是"有"，一个是"无"，这两者之间的关系其实是相互依赖、相互转换的。

　　"无"此处指代"道"，而"道常无名"（第三十二章），既虚空没有形体，也没有名字，正因为这样，"道"才成就了天地间的万物万事。甚至"道"是在天地未开，混沌之先就存在的。所以老子说："吾不知谁之子，象帝之先"（第四章）。所以王弼解释说"凡有，皆始于无"，因为"天下万物生于有，有生于无"（第四十章），古人观察大自然，一切生物（动、植物包括人类）出生之后，都会生长发育，成熟兴盛，最后衰老死亡，这种生命过程的根本是什么？归根结底还是从"无"开始的。因为衰老灭亡的事物恢复到本源归零之后，它又重新生发出新的物种生命，再一次生长、成长、兴盛之后又衰老，最后灭亡，这便是一个循环轮回。所以万物皆是从"无"开始变成"有"，然后"有"又复归到"无"的状态，这确实是一个玄之又玄的过程。

　　整句的直译：

　　虚无之"道"的状态是宇宙天地万物生发的本始之源，即世界本源称为"无"；而有形之象则代表着孕育世界的万事万物，即万事万物都称为"有"。

故常无欲，以观其妙；

注：妙者，微之极也。万物始于微而后成，始于无而后生。故常无欲，空虚，可以观其始物之妙。

常有欲，以观其徼。

注：徼，归终也。凡有之为利，必以无为用。欲之所本，适道而后济。故常有欲，可以观其终物之徼也。

疏：

故常无，欲以观其妙；

常有，欲以观其徼。（本人断句读法）

按：如果从自然的循环轮回角度来理解这个观点，那么"无"就是一个最根本的常态，"无"中可以变生出"有"，于是有了新生、成长、成熟、衰老、衰亡，最后复归"无"。此常态玄而微妙，玄鉴观复，虚静可悟，恒常之状态也！世界本来便是如此。有古诗《草》为证："离离原上草，一岁一枯荣；野火烧不尽，春风吹又生。"因为当下即便是"无"，在一定的时空运行之后，就成为"有"。故称之为"妙"，而且很玄妙。但是人们要观此状态，必须修持精进"致虚极、守静笃"（第十六章）的状态才可能内观于心灵，察觉认知清楚。这是人的觉知层面，比人的认知更高级。

而另外一个状态是"有"的状态，这种状态是我们看得见的物质形态，因为它是有形的，所以它一定有边界。这个边界是指它总会有生成发育，至兴盛而后衰老，乃至灭亡的一天，所以"有"是不会无穷的有，是一种有边界的存在，总有一天它会消失，它不可能无穷无尽，故此称"徼"。因为"物壮则老"，这是天道。

整句直译：

据上可知，在恒常虚无的状态下，人们就可以觉知事物运行的无穷无尽的玄妙。而在有形的物质状态下，人们可以觉知的事物，无论如何运行发展终归是有边界的。

此两者同出而异名，同谓之玄，玄之又玄，众妙之门。

注：两者，始与母也。同出者，同出于玄也。异名，所施不可同也。在首则谓之始，在终则谓之母。

按：始，代表新生命，婴儿，很纯朴天然的"无"的状态；母，成熟之壮年，她又可以孕育出新生命，因为她"有"了。所以"无"是始，"有"是母。

注：玄者，冥（也）默（然）无有也。始、母之所出也。不可得而名，故不可言同名曰玄。而言（同）谓之玄者，取于不可得而谓之然也。（不可得而）谓之然，则不可以定乎一玄而已（若定乎一玄），则是名则失之远矣。

按：举一个例子，就好像在一个玄元循环的圆圈内，任何一个点，它既是始点，也可能是终点。它们同出，异名而矣。

以上章句中，王弼讲了变易的哲学，即一切万事万物都可能发生变化。所以不能定一名称，也就"不定乎一玄"。

疏："玄"，古代原义源自蚕丝的象形。所以"玄"字是一个会意字。金文是一束丝的样子，丝在染色的时候扎成束，然后晾晒，晾晒时要悬挂起来。周朝晚期以后字形上部追加圆点状区别符号而采用为字形，后世再线化为一横而为秦篆书体采用为成熟字体。小篆"玄"正是悬挂着的丝，上边为悬挂之处，下边是丝。隶书笔画化，上边变成"上"，稍失形。楷书将一点一棱断开，失去悬挂的形象。"玄"是"悬"的古字。悬挂的东西下不着地，动荡不定，引申为空中、天空。也指黑中带红或黑色。因赤黑色不是单纯色，在色阶上具有一定的模糊性、隐晦性，所以"玄"可引申为幽远义。也可引申为奥妙之义。后人将深远神秘、变化莫测的学问称为"玄学"。

注：故曰"玄之又玄"也。众妙皆从（玄）而出，故曰"众妙之门"也。

整句直译：

以上这两个相对立的概念，实际上它们都是同一个本源而出。只有觉知之后去感悟，才能明白其中的玄妙。这种玄妙会生发出一切世间之万有，乃至万事万物。

按：通过修持、精进、觉知明白了"无"和"有"的这种相互依存、相互转换的关系。人们就可以明白它们两个其实是一体两面、一体同根的。即"同出而异名"而矣。

世间万有皆出自此门，所以称为"众妙之门"。本书命名《老子思想与投资思维》，取意也源于此众妙之门。因世间万事万物皆出自此门，财富之门焉可或缺？正如憨山禅师总结道："天地坏而此体不坏，人身灭而此性常存，故谓之常；万物变化，皆出于此，故谓之天地之根，众妙之门。"

附《马王堆汉墓帛书版》于后供参考理解第一章：

道，可道也，非恒道也。名，可名也，非恒名也。无名，万物之始也。有名，万物之母也。恒无欲也，以观其眇（妙）；恒有欲也，以观其所徼。两者同出，异名同胃（谓）。玄之有（又）玄，众眇（妙）之门。

[财富管理与投资视角]

财，是有道的。"道者，万物之奥，善人之宝，不善人之所保。"（第六十二章），而道是无形的（以"无"为本性，即无色、声、味、触法）。财非物也（特指现代金融之钱财即货币，而不是有形的物体比如房子、车子等），正如"无"中可生"有"（凡有皆始于无），于是财先而后有物。财之无状，故其能量最大，其无穷无边之财力可生化世间一切有形之物。（即俗话说，有钱好办事。）我们看"富"字，拆解开来，一家一口田也，有形有状之物质而矣，所以"财富、财富"求富先求财。但是现代社会生活中，人们往往只顾去追求物质形态之"富"，而往往忽视其形而之上的"财"道。不知财之道，焉谈富有？投资亦然，不懂投资之道，焉能成功？事有本末，物有先后。唯其悟道，方可成功！

常言道："君子爱财，取之有道。"

从道家的角度来看，所谓道，实为阴阳未判之前的混元无极，宇宙之起源，天地之本始，万物之根蒂，造化之枢机（任法融先生语）。从空无到实有，一切处于变化之中。所以，生门论道开端，老子开宗明义，让人们明白：财无论大小强弱，融通变化即是常道。明了此道，心中应有大志，时刻等待着机缘来造化，一旦时机成熟，财富自然就水到渠成。

第二章

无为不言，相生智慧

[原文]

　　天下皆知美之为美，斯恶已。皆知善之为善，斯不善已。故有无相生，难易相成，长短相形，高下相倾，音声相和，前后相随。是以圣人处无为之事，行不言之教；万物作焉而不辞，生而不有，为而不恃。功成而弗居。夫唯弗居，是以不去。

[直译与解读]

　　老子在第一章讲出一个抽象的玄妙论之后，接下来第二章进行了一个比较形象的推演。

天下的人都知道，世间外在美好的东西是那么美丽，但是却没有反观自己是不是能够做得到？这是从心理角度进行的一个分析，一般人的心态只是向外求而没有回归自我内求；通俗地讲，觉得别人都很美，而看我自己却那么丑。别人家的东西都挺好，自家的总觉得不够好。因此就出现了以下的对比现象，"有"和"无"就会体现出来，例如人间富有的和贫穷的。世间出现了难做的事和容易做的事；而长处和短处是比较出来的；高位与低位，这从水平面也能看出来了，因为高向低倾斜；音声相和，前后相随，众人中有高音也有低音，是相附和的；有先进的人，也有落后的人跟随前进；换言之，世间万物之差别都会存在，这种差别是相对比而存在的。

老子认为圣人应怎么做呢？"圣人处无为之事，行不言之教"，圣人处事原则就是"为无为"，顺其自然，教化众生从来都不用语言，而是用行动，随顺天道。就像自然界万物的生长、兴盛、衰亡一样。世界万物生长生生不息，周而往复，从来都没有停止。所以圣人是"为无为、事无事"，在事情成功之后，从不居功自傲，反而这种功德被人们称颂，世代相传。

[注释]

天下皆知美之为美，斯恶已。皆知善之为善，斯不善已。

注：美者，人心之所近乐也；恶者，人心之所恶疾也。美恶犹喜怒也，善与不善犹是非也，喜怒同根，是非同门，故不

可得而偏举也。

按：王弼是从心理学的角度去分析了根源。美恶如同喜怒。两者都是由一个同样的根源所引发的。这是一种判断的标准。是非，如同从一个门口出去，转左还是转右，就可能分为对与错了。也就是说一切事情都有两面性，它是一个问题的两个方面而已。没有喜乐怎么显示出愤怒呢？没有正确怎么知道另一个是错误呢？所以这是一个问题的两个方面，应该辩证统一地去看待一个问题。

故有无相生，难易相成，长短相形，高下相倾，音声相和，前后相随。

注：此六者，皆陈自然，不可偏举之数也。

按：六者即善恶、有无、长短、高下、音声、前后六个相对相辅相成的自然关系。

是以圣人处无为之事，

注：自然已足，为则败也。

行不言之教；万物作焉而不辞，生而不有，为而不恃，

注：智慧自备，为则伪也。

功成而弗居。

注：因物而用，功自彼成，故不居也。

夫唯弗居，是以不去。

注：使功在己，则功不可久也。

[财富管理与投资视角]

"有无相生，难易相成。"此句明了，财道相通。通达财道者，富者自富，致富乃轻而易举；不通达财道，贫者依贫，世间十之八九皆难以发达，缘于此也。

正如朱谦之按语：深澈乎万物相反相成之理，消息盈虚，与时俱行。万物并作，而吾不为始；吾所施为，而不以迹自累；功成事遂，退避其位。不可得而美，故不可得而恶；不可得而先，故不可得而后。立于对待之先，是谓不居；超乎"有""无"六境之外，是谓不有。有而不有，物不能先；居于不居，是以不去也。

投资者要深入领悟万事万物运行之理，与时俱行。因为万物"生而不有，为而不恃，功成而弗居。夫唯弗居，是以不去"。投资其实是一门心理学，也是心法，需要用时间去修炼，正如书法讲究"心正则笔正"，心态端正，功成而不居功自傲，才可能会成就大业。投资，投什么不重要，投准更重要；投资人，投资的就是人，寻找到正确的人与其同行最重要。在做投资之前永远记住一句投资界名言，"选择与谁同行比要去的远方更重要"。经典案例就是孙正义当年投资马云阿里巴巴的故事。众所周知，孙正义当初考察马云的阿里巴巴公司，发现马云的公司既没有商业计划，财务上也没有收入，员工只有35人，但是孙正义却在这个时候坚定不移地直接投给马云2000万美元，而当阿里巴巴上市的时候市值900亿美元。创造了4500

倍的投资收益，堪称人类投资史上最成功的范例。事后有人采访孙正义问："他（马云）为什么值得你投资？"孙正义说，他的眼神非常锐利，非常有光芒！他说话的方式和他看问题的方式显示出有巨大的号召力和坚强的领导力，他这个人值得投资。

第三章

为无为，无不治

[原文]

不尚贤，使民不争，不贵难得之货，使民不为盗；不见可欲，使民心不乱。是以圣人之治，虚其心，实其腹，弱其志，强其骨。常使民无知无欲，使夫智者不敢为也。为无为，则无不治。

[综述解读]

老子在提出玄妙道论后第二章做了一个阐述，举例：高和下，有和无。指出这是一种常态，那么接下来在第三章他就提出一个平衡论的观点"不尚，不争，不贵，不为，不见，不乱"。只有不失偏颇，才可能达到这种最高的治理境界，即"为无为，则无不治"。

[直译]

如果不去推崇有才能、德行的人，民风就会非常淳朴，老百姓是不会产生各种纷争的。如果不把那些稀有的东西认为是宝贝，百姓就不会去生偷盗窃取之心。

如果不去挑动内心的这种欲望，百姓的心就不会迷乱。圣人治理天下，就是少让人们产生奸诈阴谋，以及那些所谓的聪明计策。使民心质朴宽广，让大家把生活过得好一些。同时不让人们去巧取豪夺，不再产生那些奸诈诡计互相竞争，从而使老百姓身体得到安养，这样世间的民风就会淳朴，少了阴谋诡计，致使那些自以为有才智的人也不敢轻举妄动，如果用这种顺其自然的方法就没有不能治理的事情，所以叫无为而治。

[深度解读]

不尚贤，不贵难得货，不见可欲，使民心不乱，这四个"不"字讲的就是一种"无为"的无，俗话说"不无道理"的"不"等同于"无"，"无"就是自然之道。那么圣人是如何治理的？首先心态要端正，"虚其心，实其腹"。就是心中少一些妄想，"实其腹"讲什么呢？字面上是讲填饱肚子，换言之首先你肚子里面要有货，或说你肚子里要有料。你表达出来的东西才可能是正确的，而不是妄想，胡说八道。其次，"弱其志，强其骨"是指把心志中的胡思乱想先弱化，叫做收心，同时应该先强健筋骨。这样才可能让人保持一种最佳的、健康的状态。

国家的治理也是这样，同样道理，国库要保持一种实实在在的厚实，不要老妄想去扩张领地，即"无为而治"。所以老子认为最佳的治理方法是什么呢？就是常常使整个民众处于一种朴实的状态，使那些自以为聪明者奸诈之徒不敢妄为。也就是在国家没有发生混乱之前，已经做好了规避，做好了准备，"为之于未有，治之于未乱。"（老子第六十四章），这样的治理就体现出"为无为，则无不治"的大智慧！因为"其安易持，其未兆易谋！"（老子第六十四章）

[注释]

不尚贤，使民不争，不贵难得之货，使民不为盗；不见可欲，使民心不乱。

注：贤，犹能也。尚者，嘉之名也。贵者，隆之称也。唯能是任，尚也曷为？唯用是施，贵之何为？尚贤显名，荣过其任，为而常校能相射。贵货过用，贪者竟趣，穿窬探箧，没命而盗。故可欲不见，则心无所乱也。

是以圣人之治，虚其心，实其腹，

注：心怀智而腹怀食，虚有智而实无知也。

弱其志，强其骨。

注：骨无知以干，志生事以乱。（心虚则志弱也）

常使民无知无欲，

注：守其真也。

按：真即朴。朴，真也。朴也就是无，无就是道，因为道是看不见，摸不着的。

使夫智者不敢为也。

注：智者，谓知为也。

为无为，则无不治。

参考：（唐景龙碑版文）使知者不敢为，则无不治。

朱谦之注：不敢、不为，即不治治之。《论衡》自然篇曰：蘧伯玉治卫，子贡使人问之："何以治卫？"对曰："以不治治之。"夫不治之治，无为之道也。谊即本此。盖老子之意，以为太上无治。世之所谓治者，尚贤则民争；贵难得之货，则民为盗；见可欲则心乱。今一反之，使民不见可尚之人，可贵之货，可欲之事。如是，则混混沌沌，反朴守醇，常使民无知无欲，则自然泊然，不争不盗不乱，此所以知者不敢不为。至德之世，上如标枝，民如野鹿；含哺而熙，鼓腹而游。此则太古无为而民自化，翱翔自然而无物不治者也。

[财富管理与投资视角]

人有六根称"眼、耳、鼻、舌、身、意";世间有六尘,称"色、声、香、味、触、法"。如果眼不外视,心不外想,耳不外听,人心则不会迷乱。故老子指出"不见可欲,使民心不乱"。管理财富,需要有足够的定力。要有定力,先有忍辱力,有了忍耐力,尔后能清静,虚静而后能生大智慧,所以修行者(包括修行的投资者)才能稳如泰山,如如不动,有大定力。如果说管理与投资是一静一动,则可以理解为太极之一阴一阳。阴阳统一平衡运行则为天之道也。治财亦如治天下,顺乎天道,则无物不治也。理财投资亦应当顺应天道,适时而动,有所为,也应当有所不为,"为之于未有,治之于未乱。"唯有站在道的高度上去理解财富,管控投资行为,坚持长期主义,才能获得满意的投资价值。

第四章

道冲而用，不盈不穷

[原文]

　　道冲，而用之，或不盈。渊兮，似万物之宗。挫其锐，解其纷，和其光，同其尘。湛兮，似或存。吾不知谁之子，象帝之先。

[本章综述]

　　老子在这一章里面讲述什么是"道"？"道"是很难描述和讲清楚的，但可以用大自然来比喻而悟道。接着老子提出了修道的方法，也是对道的作用做了一个阐述。指出了道虽然不可捉摸，但其能量却是无穷无尽的。

[直译]

道是空虚而无形的，但是它的作用是永远都不会穷尽的，永远都看不见它，可以使用却无穷尽。换言之就是说"道"是永续长存的。所以就"或不盈"。"渊"是深沉、隐秘的意思，"道"好像是一切万事万物的老祖宗，在万事万物未有之前就先存在了，是万物之宗始。

当你锋芒太过的时候，"道"给你消磨锋锐；当你忧愁烦恼的时候，与事物起了纷争，那么"道"可以给你排忧解难，解决你的纷争；当你的光弱了，"道"给光加上了光环，让你的光不至于减弱；当你的光太强了，"道"又给你调和一下，让你的光明不至于太刺眼。万事万物无论有形或者无形，"道"都可以给你混而为一，无论是脏的还是干净的，无论是邪恶的还是善良的，其中都蕴含着"道"。

"湛，没也。"（《说文》）"没，无也。"（《小尔雅·广诂》），这个字实际上讲的是隐没不见之意；"道"在世间也是隐没不见的，"大道无形，生育天地"（《清静经》），我们看不见它，但是它的作用非常的伟大，有时候就好像它真实存在，被我们看见了，去抓它却抓不住，所以"道"是不能捉持的，但是它却有无穷无尽的妙用和力量。

我（指老子）不知"道"是谁的后代，可能就是天地的先祖吧。"道"是无形之物，但是"道"可以化育万物，生养万物，"道"以"无为"去发挥它的无穷妙用，"道"以"有为"成就万事的有形。

[文字注疏]

"冲"，指的是"盅，器虚也。"（出自说文皿部）老子曰"道盅而用之，'盅'作'冲'字，假字也。"所以"冲"字是与"满""实"相对而言的。既然道是空灵而虚静的，即是"空"、是"无"。也就是说，道以无为用。老子后面提出"无之以为用，有之以为利"，其意相同。

疏："冲"，《说文解字》："动摇也。"两山之间的空地为"冲"。

古人这一个解释是指山脉与山脉对冲之处，也就是溪谷低洼之地。从这个角度来解释比较符合老子常常静观山水悟道的原义。显然，两座大山夹在中间的溪谷是空虚的，南北季风可以穿山而过；雨水可以通过山间溪谷流入小河，乃至汇入大江大海。这种现象称之为"道冲"。起源于溪谷里的微小泉水流下小河，汇入大江，直至聚集于大海。这种成长的过程就像道的力量一样，由微小至强大，看似柔弱，但是却可以把山劈开，汇入大江大海，从而产生巨大的能量，犹如中国的长江、黄河贯穿千里大地，横贯东西，雕塑着大自然千山万壑的景象。这种"上善若水""柔弱胜刚强"就是"道"，蕴含着巨大能量。

[注释与解读]

道冲，而用之，或不盈。渊兮，似万物之宗。挫其锐，解其纷，和其光，同其尘。湛兮，似或存。吾不知谁之子，象帝之先。

王弼注释第四章全文：

注：夫执一家之量者，不能全家；执一国之量者，不能成国；穷力举重，不能为用。故人虽知万物治也，治而不以二仪之道，则不能赡也。

按：赡，周也，周全、充足之意。

注：地虽形魄，不法于天则不能全其宁；天虽精象，不法于道则不能保其精。

按：老子二十五章王弼注："地不违天，乃得全载，法天也。天不违道，乃得全覆，法道也。"又说"用智不及无知，而形魄不及精象，精象不及无形，有仪不及无仪，故转相法也"。

此句中"精"字疑为"清"字之误。老子三十九章："天得一以清，地得一以宁。""清"与"宁"相对。此句上文"地虽形魄，不法于天则不能全其宁。"，下文"天虽精象，不法于道则不能保其精"。按照"宁"与"清"相对用文之法，"精"与"清"字形相近似，所以这两个字应该相通用，意义相同。

以上都是说明"道"具有无量之作用。天地尚不能违背，何况人乎？

注：道冲而用之，用乃不能穷。满以造实，实来则溢。故

冲而用之又复不盈，其为无穷已极矣。形虽大，不能累其体；事虽殷，不能充其量。万物舍此而求主，主其安在乎？

按：也就是说，万事万物如果离开了这个"道"而去追寻其"主"，是不可能找得到的。推而言之，人们总是在想寻找财富，深圳人常说拼命工作去"搞钱"，但是财到底是在什么地方呢？一个人没有找到财的根源在哪，也就是说一个人背离财道去追求金钱，怎么可能追求得到金钱？金钱反而远离他而去；哪怕短时间内搞到钱，也可能搞到的是灾祸（譬如失去了亲情友情，失去了健康，更严重的可能会失去了生命等）。

注：不亦渊兮似万物之宗乎？锐挫而无损，纷解而不劳，和光而不污其体，同尘而渝其真，不亦湛兮似或存乎？地守其形，德不能过其载；天慊其象，德不能过其覆。

按：这里讲心态很重要，积德更重要。"重积德则无不克。"厚德方可以载物。人一定要有财富的承载力，才可能承载大财富；所以人要获取财富，先要修德。如何修？老子指出方法便是"挫其锐，解其纷，和其光，同其尘"。

注：天地莫能及之，不亦似帝之先乎？帝，天帝也。

按：这是强调了道是超越时空的，能量巨大的。

[财富管理与投资视角]

道，不可捉摸、不可执着。因为"执者失之，为者败之"。道，虚若山谷，如冲虚之谷地，所以"冲而用之，用乃不能穷"。

财道亦然，企业家格局有多宏大，方可成就多宏大之财富。所以投资者的格局也应当放大再放大，乃至无量无穷，但不必执着。"湛兮，似或存"。世间富者大富，穷者极穷，其中有道，差别或许就在这里。怎么办？老子指出了修行法门："挫其锐，解其纷，和其光，同其尘。"

第五章

多言数穷，不如守中

[原文]

　　天地不仁，以万物为刍狗；圣人不仁，以百姓为刍狗。天地之间，其犹橐籥乎？虚而不屈，动而愈出。多言数穷，不如守中。

[综述]

　　老子在前段章节，让人们的视野放在了人间、山川大地去观察悟道，在这一章开始是让人们的视野，仰观到苍天之上，从而由人间地下上升到上天的高度，站在更高层维度去观察宇

宙间的一切运行规律，从而阐述了天和地，天和人，即天地人
三合一的哲学思想。

[直译]

天地运行不会用仁义作为标准，因为它对待万物都是平等
的。因为天地从来都没有偏爱过任何人。圣人的境界也和天地
是一样的，圣人对待百姓就像天地对待万物一样，不要用世间
的所谓仁礼法规来强加给百姓，而是让百姓按照自然的准则去
行事，平等对待众生。

天地之间看似空虚，就好像我们在冶炼的时候用的那个大
风箱，它看似虚静，但是力量无穷大，因为没有任何一种力量
可以让天地屈服。这如同空虚的大风箱，一旦拉动起来，在一
屈一伸的过程中，风就越拉越大；像天地造化万物的力量一样，
从来都不会穷尽。

杂言碎语太多则必有不尽善妥当之处，既然明白了"橐籥
既空，发力无穷"的道理，就应当守中抱本，即守住自己内心
坚信正确的认知，将会妙用无穷。

[注释]

天地不仁，以万物为刍狗；

注：天地任自然，无为无造，万物自相治理，故不仁也。
仁者必造立施化，有恩有为。造立施化，则物失其真；有恩有

为，则物不具存；物不具存，则不足以备载。（天）地不为兽生刍，而兽食刍；不为人生狗，而人食狗。无为于万物而万物各适其所用，则莫不赡矣。若慧由己树，未足任也。

按：王弼在这里提出的观点，使我想起了禅宗有个公案叫"仁者心动"，当人心产生动念的时候，对事物的判断就会有侧重点，有不同的角度就会产生不同的结果，这样就有失公平。所以"造主施化，则物失其真"。失真了就不可能有公平，"有恩有为，则物不具存，物不具存，则不足矣备载天地。"

圣人不仁，以百姓为刍狗。

注：圣人与天地合其德，以百姓比刍狗也。

天地之间，其犹橐籥乎？虚而不屈，动而愈出。

注：橐，排橐也。籥，乐籥也。橐籥之中空洞，无情无为，故虚而不得穷屈，动而不可竭尽也。天地之中，荡然任自然，故不可得而穷，犹若橐籥也。

多言数穷，不如守中。

注：愈为之，则愈失之矣。物树其恶（慧），事错其言，（不慧）不济，不言不理，必穷之数也。橐籥而守数中，则无穷尽。弃己任物，则莫不理。若橐籥有意于为声也，则不足以共吹者之求也。

按：这里老子是让我们明白，应当效法天地的虚静空无的状态，即学习鼓风机空心的状态，从不动情，也不用言语去做事，并且内心还怀有大道之德，抱一不移，守中抱本。换言之就是专一不动摇。

[财富管理与投资视角]

"天地不仁",实质是以天地之道教育人心。现代管理(也包括财富管理)属行为心理学范畴,投资行为其实质是心理学范畴,简称"投资心学",人心易浮动,其中定力最重要。人世间纷繁复杂,人多杂音多,凡人多欲望,尤其是贪欲扰动多。圣贤之人则大智若愚。他具备清静守中定力:屈则为忍辱力,伸则为智慧力。当定力、忍辱力、智慧力三者合力,正如同天地人三合,其能量巨大!其核心在于守中。世间物欲横流,唯其如如不动,稳如泰山,恰似中流砥柱。"执古之道,以御今之有。"今之投资成事者,必须能"虚而不屈,动而愈出"。因为"多言数穷,不如守中"。不守左,不守右,不偏不倚,守中乃守住根本也,此为妙道。

第六章

绵绵若存天地根

[原文]

谷神不死，是谓玄牝。玄牝之门，是谓天地根。绵绵若存，用之不勤。

[直译]

产生天地万物，成就万种事业的"道"不会消失，它永恒地存在，可以称之为一个玄妙的母体，具有生育天地万物的功能，它是天地的根本，也是万物的根本，它永远韧性地存在着，其作用是无穷无尽的。

[注释]

谷神不死，是谓玄牝。

注：谷神，谷中央无也者。无形无影，无逆无违，处卑不动，守静不衰。

按：谷神者，道之别名也。因无形者，神也；无形无相，谓之道。

谷（物）以之成而不见其形，此至物也。处卑（而）（守静）不可得（而）名，故谓（之玄牝）。

按：最妙之物可成就造化一切而无具体形状，位卑而虚静，不可命名，所以称之为玄妙生发万物的母体。

玄牝之门，是谓天地根。

注：门，玄牝之所由也。本其所由，与（太）极同体，故谓之（天地之根）也。

按：玄，物之极也；也指虚无自然之无极。牝，雌性动物之统称；也隐含着阴阳二气的太极。"玄牝"，借喻万物最初之生养者。在此也是对"道""无"产生万物的一种形象比喻。"由"，经从。"所由"，所通过之处。"根"，始也。

疏：此句意思是，虚无自然的无极状态，可化育生成阴阳二气太极，即"无极生太极"这种变化的妙用，是天地间万物造化的根本宗源。

绵绵若存，用之不勤

注：欲言存邪？则不见其形；欲言亡邪？万物以之生。故

（绵绵若存）也。无物不成，（用）而不劳也，故曰用而不勤也。

按：此句意含"无极生太极"，无中可以生有，其中造化之机，是自然而然的，连续不断的。

[综述与思考]

老子前面告诉了我们什么是道，并且通过一些形象的比喻去悟道，然后要我们从一个更高的空间维度去思考，道是如何作用的？提出了天、地、人应当三位一体的思维方式，接下来，本章老子从一个时间维度去分析，"道"是永恒不死的，这也就为后人修炼长生不老之术，奠定了一个理论基础。从企业角度讲，任何一个企业从创立之始就要图谋发展壮大，乃至成为百年不倒之企业。人生亦如此，人生总想百岁、千岁乃至于万岁，长生不老，在这个问题上老子提出了他的看法，即要找寻谷神不死之门，明了天地造化根源。只有找到这个门，一切万事万物皆可绵绵若存，长生久视，用之不勤。

[财富管理与投资视角]

"绵绵若存，用之不勤。"这也是进行财富管理的根本目的。通俗地讲就是"财源广进，绵绵不断"。这等好事从哪里来？从"道"而来，道无一而生万有，"无之以为用，有之以为利。无，天地之始。有，万物之母。"无即是道也。在经济活动中，可称之为"财道"。生财必有道。"谷神，谷中央，无也。无形无影，无逆无违，处卑不动，守静不衰。"而道正如同在山谷中央，虚空无阻挡，季风来去自由，源源不断，因为它无形无影，毫无边际，处卑势不动，隐藏守静而不衰亡。似有似无，却能量巨大。

"谷神不死，是谓玄牝。玄牝之门，是谓天地根""一阴一阳之谓道"（《周易系辞上》）道是阴阳，正是阴阳生化万物的，此乃天地生发之根本也。在现代经济活动中，有文化，又有实业，一阴一阳，一虚一实，两者不可偏失，要和谐同步，方可成就大事业。如果一家企业既有融合万有、凝聚万众人心的深厚文化底蕴，又有源源不断的、充沛的自由现金流，如此企业焉能不长长久久？如此企业焉能无价值？这不正是投资者需要寻找的具有长期价值的伟大企业吗？

第七章

无私身后天地久

[原文]

天长地久。天地所以能长且久者，以其不自生，故能长生。是以圣人后其身而身先，外其身而身存。以其无私邪，故能成其私。

[解读]

天地是长久永恒的存在。从来不为了自己的生存与物竞争，而是按照宇宙自然的规律运行着，滋养着万物，所以叫"以其不自生"。所以圣人效法天地、自然，遇到事情、遇到利益的时候，不与民争利；遇到事情的时候不争，叫"后其身"。反而使自身能够成为众人之先。

当圣人遇到艰难险阻，遇到危险的时候，将自身的安危置之度外，反而会使自己毫发无损地生存下来。正由于他的大公无私，所以能成就伟大功业而造福天下，造福万民。

[拓展思考]

如果说上一章老子是想告诉人们寻找谷神不死之门的价值。接下来老子就要带大家去寻找一下这个门在哪？首先要先观察天地，分析天地长生不老的原因是什么？明了道理后，人得到了"道"，尊天道，修人道，即修正自我，达到天人合一就成了。在世界万物中，凡是不为了自己的生存而与物相生的，它的存在就是长久，比如说天上的太阳、地球、月亮等等。凡是只出于执着于自己的生存，它们的存在时间的长短，都是由他们自己的生命周期来决定的。比如人、动物、植物、微生物等等。历史上总有一些伟大的人，他们的精神能够在时空上超越他们身体，存在于他们身体生活的时空之外，可谓"浩气长存，精神永驻"。遵循生命规律，你才会是一个理性的管理者，只要你遵循了生命的规律，按照生命规律处理事物，你的管理就会健康而充满活力。

对于一家公司来讲，企业能够持续地发展，管理者遇事要谦让不争，反而能够在众人中领先。在日常生活中，如果能够做到"无我""无私"，能够约束自身的利益和节制自身的欲望，不与人争斗，反而能够领先，得了最大利益，这也是符合自然规律的道。管理者在困难和危险当中能够"外其身"身先士卒，在不知不觉得到众人的拥护。因此君子是不争、不显、不露，做到无我、利他，这才是符合天地自然的长久之道。管理者如果把自己的利益放在最后，反而能够得到最大的利益；把利益置身事外，反而能够让公司获得长远的发展。所以从选择投资标的角度来看，如果能够找到这样的公司，它将是一家伟大的公司，伟大的公司会创造伟大的价值，它将带来持久的利益，这样的公司才值得投资。

[注释]

天长地久。天地所以能长且久者，以其不自生，

注：自生则与物争，不自生则物归也。

按：宇宙天地，从来不自生，所以宇宙天地之间可以容纳万有之物，正是因为天地这种品德力量无穷，万物才归复其中。

故能长生。是以圣人后其身而身先，外其身而身存。以其无私，故能成其私。

注：无私者，无为于身也。身先身存，故曰"能成其私"也。

按：无为，因其无私。为无为，则无所不为。圣人之治也，故其可以长生。

[财富管理与投资视角]

金钱财物，因其太贵重容易引起世人的争夺，从而导致财物有得有失。俗话说"鸟为食亡，人为财死"，世间人太看重金钱财物就会有祸害之灾。这样的故事古今中外，数不胜数。所以要进行财富管理，首先向天地学习，学习天地的品德，成为圣贤之人。"圣人后其身而身先，外其身而身存。"无私便是德，吃亏便是福。为人处事不必斤斤计较。

投资者要分析一家企业，它是专讲"利"吗？它在行动上是利己损人，还是真正用实际行动做到利他益人？如果以"利"去做诱惑，这家企业的商业模式只讲分利，这就很危险，因为"分利"必然"分离"，"树倒猢狲散"。哪怕它承诺给你的利益非常高，非常有诱惑。但是它真的是诱惑！也许它距离崩盘的时间就不远了。如果这家企业创办人讲"道"，以无我、无私为企业核心精神，利他利大众，管理层用人把德行放在第一位，这种"无我利他"的精神是整个企业的核心灵魂和精神支柱。而且是真正落实在行动上，经年累月十年以上。这种精神已经是深深地刻入企业的内心。包括从企业的创办人到企业的员工，乃至于他的合伙人投资人都把这种"无我利他"精神作为核心价值观，那么，对于这样的企业来说，它是有向心力的，它是有凝聚力的，是深得民心的，是有道的能量加持的，是会长生不老的。因为这样的企业明白"人民是江山，江山是人民"。当企业面临困难的时候，所有的员工，所有的合伙人、投资人都会护持它，而不是离开它。当企业盈利大发展，其合伙人、投资人更不会抽离资本离开它！因为大家都已经从中获得了喜乐与富足。反而希望企业为大家守住财富。这样的企业当然会无往而不克；就没有什么困难可以阻挡它前进；这样的企业也没有理由说它没有成长价值。因为它的创始人实际上已然具有伟大格局，投资这样的公司，相当于与伟大格局者同行，必然具有长期价值。

第八章

上善若水动善时

[原文]

上善若水，水善利万物而不争。处众人之所恶，故几于道。居善地，心善渊，与善仁，言善信，政善治，事善能，动善时。夫唯不争，故无尤。

[意译]

最善良的事物莫过于水。不争是水的最大美德，贤德之人从不与人争名、争利，所以他不会遇到风险，也就没有灾祸。善良的君子，他的性情和作为都像水一样，善利万物而不争。

他具有像水的德性一样的谦卑与低下，做常人所不愿意做的事，忍常人所不能忍之事；所以具备水的柔善贤德之人就是接近于道的人。

善德之人，走到哪都是风水宝地，所谓"德不孤，必有邻"，因为他心胸宽广，志向高远，对待人和事物给予友好、友善，以仁德之心，去对待人，说话算数，信守承诺；行动，必讲究结果，恪守信用。

贤善之人善于治理国家，善于管理百姓，善于发挥自己的所有能力，行动起来善于把握住时机，因时而动。正因为他有如水一般与物无争之美德，所以不会犯过失。不但没有过失，也不会有灾祸。

[注释]

上善若水。水善利万物而不争，处众人之恶，

注："人恶卑也。"

按：老子文字上虽然讲水，实际上却讲人。人往往喜欢地位高贵、享受尊敬，而厌恶地位卑下甚至鄙视卑微的其他人。但是水的特性却是往下方向流淌，地位越低，水就越往低处聚集。所以说水不喜争，水总是柔弱地谦让众人，流向众人不愿意去的位置，即卑下之地。

故几于道。

注：道无，水有，故曰"几"也。

按："几"，义为"近"。虽然水善利万物而处卑下，但水还是有形之物，而道是无形无物，所以说水只是接近道之善而已。

老子在讲"道"的时候，指出"道"是无形无物，但是为了让人们更容易理解"道"的特性。当仰观上天，下观地理之后，发现了水具有流动的特性，让人顿悟"道"，因为当人们观察水的特性，就很容易理解"道"，所以水更接近"道"的本源特性，这或许就是老子提出的"上善若水"原因。

居善地，心善渊，与善仁，言善信，政善治，事善能，动善时。夫唯不争，故无尤。

注：言（人）皆应于（此）道也。

按：天地人，三才相应，感而遂通。人们应当明白天地自然之道，然后修持之，则可成大业而无忧愁。

［综述与解读］

第六章老子指明了谷神不死之妙门，然后再去追寻长生久视之道（第七章），这个过程是比较高层次，也比较难理解，第八章接下来老子找到了一个最普遍、最简单的自然景象，它就是水，让我们观察水的流动特性，我们发现它是往低处流，它从来都与世不争，它是柔弱的，这种特性恰好就像"道"的一种特性——柔性，所以老子让我们察觉水性，学习水的品性即不争之德。即"水善利万物而不争"。

滴水穿石，柔弱胜刚强。水流还有运动特性。春夏秋冬，江河湖泊之水运行都是有固定规律的。如黄河、长江，从源头开始向东方流动，从小到大，乃至汇入大海从而产生巨大的能量。当我们认真地深入思考水的特性，我们就会发现，它可以从微小到巨大，从柔弱变得坚强。从无到有，从弱到强，从小到大。从水的这种流动动态的角度去观察，我们就很容易理解，水就好像是"道"的力量，所以只要我们认知水，学习水的品性，即可悟道成贤，成为有德的圣贤。所以"上善若水"四个字虽然非常简单，道理却很深，回味无穷，智慧无量。

[财富管理与投资视角]

民间有一句话叫"水为财"。所以谈财富管理，我们不能不研究水。懂得水的特性，就会接近懂得财道。经济学说开源节流实质是讲水之特性，理财亦如此。

"事善能，动善时。"善能而事，善时而动。在现代经济生活中，创业者做企业，要做擅长的事业。一个人永远赚不到自己认知以外的钱。从投资角度来讲，把握住投资的时机是非常重要的，所以这句话含义很深，我们要去把握住投资的准确时机。选择的投资标的要首选这家公司最擅长的事，一家企业能做大，能做强，是因为这家公司在其最擅长的专门领域做到了极致。所以我们在选择投资标的公司时，一定要综合谨慎评估。而且要把握时机，在这个公司的发展期，成长期还是衰亡期入市？因时而动，方可制胜。

　　什么是"动善时"？做投资非常讲究时机。什么时候持仓买入？什么时候退出及时止损？时机的把握太重要了！当机会来临的时候，要善于把握住它。这个机会往往就在众人未觉察的时候出现，甚至是在众人误解、反对的情形之下。比如某时某刻，你选择持有了某只并不被众人所看好且其价值被市场严重低估的股票，购买了某家并不被常人发现，却具有无限潜力的公司的原始股权，然而之后若干年，这家企业发展壮大了，你就可以共享该企业发展带来巨大的红利！例如 10 年、20 年前的茅台酒、阿里巴巴、腾讯、特斯拉等这类企业，如果你错过了，没有抓住最佳时机入市，之后可能只有望洋兴叹了！因为投资之智慧便在于"动善时"也。

第九章

功遂身退天之道

[原文]

持而盈之，不如其已。揣而锐之，不可长保。金玉满堂，莫之能守。富贵而骄，自遗其咎。功遂身退，天之道也。

注释

持而盈之，不如其已。

注：持，谓不失德也。既不失其德，又盈之，势必倾危。故不如其已者，谓乃更不如无德无功者也。

按：在这里我们可以知道，王弼和老子的观点都是认为，那种满口仁礼道德，又骄傲自满的所谓仁德之人，很危险。不如不要这种所谓仁德，及时停止作为，即持此假仁德不如无德无功。

有老子的三十八章证：

"上德不德，是以有德；下德不失德，是以无德。"王弼注说："上德之人，唯道是用，不德其德，无执无用，故能有德而无不为。不求而得，不为而成。故虽有德而无德名也。"

揣而锐之，不可长保。

注：既揣末令尖，又锐之令利，势必折断，故不可长保也。

按：揣，捶之。让我们观察一下生活，如果你把一个物品，如一根竹子削得很尖，一根铁棒锤打得非常尖锐细长，这样的物品使用起来很容易遭遇折断，因为太尖利反而变脆弱了。

金玉满堂，莫之能守。富贵而骄，自遗其咎。

注：不若其已。

按：家里面满屋都是金银财宝，都是值钱的东西，被居心叵测的人知道了就会惦记你的财富，说不定什么时候，家里的东西就会被别人盗走了。大富大贵就生起跋扈之心，瞧不起别人，这样做就会引来灾祸。所以王弼注说，不如舍弃这些物质形态的东西。

功遂身退，天之道也。

注：四时更运，功成则移。

按：四时即春夏秋冬，春耕、夏长、秋收、冬藏是天运，功成如天之运行至收藏之节时，遵循自然而身退隐藏即为道，故曰"天之道"。

[本章综述]

我们学习《道德经》就发现老子的逻辑是先讲天、讲地，再讲人；也就是天人合一的整体思想，讲"道"目的是什么，最终落实到人要向天道学习，学什么？学"道"即得道（同"德道"）。因为"人法地，地法天，天法道，道法自然"。所以在第九章老子才谈到做一个有德之人的智慧："功遂身退，天之道也。"

[财富管理与投资视角]

"金玉满堂，莫之能守，富贵而骄，自遗其咎。"投资学上有一句经典的忠告：贪婪和恐惧永远是投资失败的根源。而这个金玉满堂很多时候就会令人的贪婪之心升起，这很危险，所以投资学很重要的一方面是讲风险投资，因为我们永远不知道"黑天鹅事件"什么时候可能发生，我们只能去预测"灰犀牛事件"，我们更要防止"大白鲨事件"随时出现，所以做好及时的止损才是明智之举。功成身退，这是天之道！道理很明白，智慧很深！掌握了这一章的核心思想，投资行为就会非常清晰和理智。

第十章

修除玄鉴，明白四达

[原文]

载营魄抱一，能无离乎？专气致柔，能如婴儿乎？涤除玄览，能无疵乎？爱民治国，能无为乎？天门开阖，能无雌乎？明白四达，能无知乎？生之、畜之，生而不有，为而不恃，长而不宰，是谓玄德。

[意译与解读]

"营"是灵魂，"魄"是身体，"道"是无中生有的"无"，空无即为虚，虚者神也。"一"是指"无中生有"的"有"，精气为神，有形为体，人体有魂魄，而由神管理身体，则神不离体；若是反过来，身体管理着神，则是神魂分离。"抱一"指的是心神合一。人为什么要有身体（肉身）？人之肉身常常会生病，会生、老、病、残、死，而身体（肉身）却是人的工具，是实现人之愿望的载体。一出生的婴儿，身体和灵魂是合一的，是纯真的、自性的，成长到孩童时期就开始慢慢变化，越长大越分离。婴儿身体是柔软，柔和，一呼一吸之间气息是微细而绵绵平和的。人越长大，弹性就越小，人越老，身体弹性就越差，当一个人越来越不适应外界变化的时候，身体僵硬了，则离死亡不远矣。所以想养生、想长寿就要学习婴儿的状态，我们练太极、练八段锦，练气功，练瑜伽术，这些锻炼都可以让我们身体变得越来越柔软，而不至于僵化，预防早衰老，从而达到延年益寿长生不老的境界。

"玄览"就是认知很深，觉知很明了、很清晰。怎么才做到"玄览"一样深刻的洞见呢？要清洗思想杂念和污垢，摒除妄见，就可以观察的更深刻；懂得舍弃鸡毛蒜皮的小事，能够自觉清除内心深处的贪欲，心灵的明镜就干净了。

"无为"就是懂得按照自然的规律做事。"天门"，可以理解为心神感官之门，元神的出入之处。做到心境极其静定，心神就能自由出入于天地之间，明觉万物造化，通晓宇宙真谛。

成大事的人从来都不用心计和小聪明去做事的。上等人才，德才兼并，人中稀有。德行不足而很有才能，善于心计的人不可以重用，因为其劣根性很难改变，不能够担当重任，也不能承载大的财富。相反有的人虽然才能不足而品德非常好，这才是真正值得培养之人才。

最大的德性是生养万物而不占为己有顺其自然，给它一个适合的生存环境，任其自由的生长。

[注释]

载营魄抱一，能无离乎？

注：载，犹处也。营魄，人之常居处也。一，人之真也。言人能处常居之宅，抱一清神，能常离乎？则万物自宾也。

注：营魄，灵魂，魂魄也。（河上公注）

专气致柔，能无疵乎？

注：专，任也。致，极也。言任自然之气，致至柔之和，能若婴儿之无所欲乎？则物全而性得矣。

涤除玄览，能无疵乎？

注：玄，物之极也。言能涤除邪饰，至于极览，能不以物介其明，疵（之）其神乎？则终与玄同也。

爱民治国，能无知乎？

注：任术以求成，运数以求匿者，智也。玄览无疵，犹绝智也。治国无以智，犹弃智也。能无以智乎？则民不辟而国治之也。

按：老子此处多次反问让人深思，人的高贵灵魂与肉身的怎么样才能真正合一？这个问题非常复杂，要研究得很深刻。如何解答派生出很多种哲学流派思想。希望人们反复深思。

接下来老子的反问更让人深思，如何做出两难抉择？

"涤除玄览，能无疵乎？爱民治国，能无知乎？"用白话浅译就是说，要想扫除物体的污垢，能否一点瑕疵都没有？君主若爱其百姓民众，治理国家的方法能不能让民众保持自然纯朴无智的状态，君主能否无为而治？

疏：玄览，古本应为"玄鉴"。长沙马王堆汉墓帛书乙本《道经》原文是"修（脩）除玄监（監）"，古汉字"监（監）"同"鉴（鑒）"字似形同，音同。监，是会意字。在甲骨文字形中，左边是一个人睁大眼睛在往下看（臣，竖目），右边是个器皿。金文又在器皿上加一小横，表示器中有水。古人以水为镜，"监"就是一个人弯着腰，睁大眼睛，从器皿的水中照看自己的面影。这种动作不正是人在照镜子的意思吗？而"鉴"，古代指镜子，所以在古代"监"与"鉴"同义。鉴，指内观于心。玄，指道。玄鉴，意思就是用大道之法去反观内照于心，归于虚空无物之后而悟道的修心过程。涤，马王堆帛书乙本原为"修（脩）"字。更证明此句之意为"修行虚空，反观内照而证道禅悟。"

由此推断，"涤除玄览"或者准确的说"修除玄鉴"，是老子提出的修真养性之法门。《清静经》指出"常能遣其欲，而心自静。澄其心，而神自清，自然六欲不生。净扫迷云无点翳，一轮光满太虚空"。强调修道首先要在清静上下功夫，还人之先天本性，则可洞观无碍。

天门开合，能无雌乎？

注：天门，谓天下之所由从也。开合，治乱之际也。或开或合，经通于天下，故曰"天门开合"也。雌应而不（唱）疏："唱"，六十八章王弼注：后而不先，应而不唱。周易讼卦王弼注：凡阳唱而阴和，阴非先唱者也。革卦注：阴之为物，不能先唱，顺从者也。

注：因而不为。言天门开合能为雌乎？则物自宾而处自安矣。

按：老子认为修持道法，可以让"天门开阖"，心神自由出入肉身与灵魂之间。要顺从自然，而不要强加干涉；不要阻碍；也不要逆自然天道而妄加作为。如果不辨阴阳，不分先后，不顺天道，妄作都是凶。

明白四达，能无为乎？

注：言至明四达，无迷无惑，能无以为乎？则物化矣。所谓道常无为，候王若能守，则万物（将）自化。

按：从王弼的注解来看，他是从卦象的角度去分析了阴阳的互相关系来理解道，其实就是"无为"而能通达四方，不会迷失方向，所以这个观点落地运用到君王治天下之法，即如果君王能够按照"道常无为"的方法去治理天下则万物自化。从现代人生的角度来看，人生最困难的莫过于迷惑。不知道路在哪里？正如西游记的主题歌"敢问路在何方？"而当一个人去修炼后慢慢明白道理，则不会迷。这时候就需要导师指点迷津。"迷时师度我，悟时我自度"（源自慧能法师《六祖坛经》）

生之，

注：不塞其原也。

畜之，

注：不禁其性也。

生而不有，为而不恃，长而不宰，是谓玄德。

注：不塞其原，则物自生，何功之有？不禁其性，则物自济，何为之恃？物自长足，不吾宰成，有德无主，非玄而何？凡言玄德，皆有德而不知其主，出乎幽冥。

按：这里是说万物生长机制，不去干扰它其实就是最好的生养万物的模式，这里面的道理非常的深刻。无论是教育者还是家长，无论是企业家还是投资人，都应当从中学习"无为而治"的深刻道理。如果从价值投资的角度去看，恰好正是：坚持长期主义，与时间做朋友。

综述与财道解读

老子在第十章一连发出了六个反问。这六个反问让我们深思，似乎是灵魂的质问？让人们做出一种选择，你到底能不能做得到？有如佛家戒问，"尽形寿，能持否？"回顾前面，老子告诉我们去寻找长生久视谷神不死之道，通达宇宙，上观天地，下察水德，洞识人性，明了其中之大道智慧；但是接下来，人到底能不能做到？这就是在反问自我。从逻辑上很明确：从知道到做到，从知道事理到能不能落实到实际行动，这个过程其实是很漫长的，如果做到了，就可能功成事遂。做不到，那还要继续去修炼。谈到财富管理与投资行为，在《道德经》里每一章，每一句话，每一个字同样蕴含着非常深刻的道，从财富管理视角就俗称"财道"吧！其中能讲得明白的道理都很简单，因为大道至简，但是落实到行动，能不能做到？这个过程可能比较漫长；能不能悟道？也比较漫长；能不能相信？更加需要缘分！谈到缘分，每一个人因缘不一样，认知不一样，因缘的深浅也不一样，认知的深浅也不一样，所以切入的时机也不一样，这就需要修持经典，更需要胸怀虚空，玄鉴洞明。这其中道理很深，可能这就叫"玄德"吧！

投资视角

如果将"天门开阖"用于财道，这也可称为"财门开阖"，此处实际讲的是投资当讲究时机。财进财出皆应顺天机造化，不可妄作，妄作则凶。而要明了天机，必须"修除玄鉴"，在老子看来，修持之法在于专注守一，无为而治，这其中道理，需要洞观方可了然。

第十一章

有之为利，无之为用

原文

三十幅共一毂，当其无，有车之用。埏埴以为器，当其无，有器之用。凿户牖以为室，当其无，有室之用。故有之以为利，无之以为用。

注释

三十辐共一毂，当其无，有车之用。

注：毂，所以能统三十辐者，无也。以其无能受物之故，故能以（寡）统众也。

按：毂，在车轮中心用于穿轴的空心圆形木。我们观察一个车轮，无论有多少根车辐，它们都连接在毂上。然后由毂中心开孔连接车轴，两个轮子加一个车轴。车子才能运动起来；毂起统领作用。别看它只有一个，寡，却能统领众辐。因为它中心是空、无的。

埏埴以为器，当其无，有器之用。凿户牖以为室，当其无，有室之用。故有之以为利，无之以为用。

注：木、埴、壁所以成三者，而皆以无为用也。言无者，"有"之所以为利，皆赖"无"以为用也。

按：埏埴：水土和泥，指用泥制作成的器物。比如杯子，酒壶等。杯与壶，其腹中皆是空的，即无也。正因为它是"空"、是"无"才能使其装酒水等物质，成为有用之器物。

综述与解读

老子在本章里面重点讲"有"和"无"的关系，"有"是有形的事物，给人提供便利，"无"是无形的部分，因无形而产生的妙用，"有与无"、"利与用"，其实是太极一阴一阳的两面，不可分割。人们往往是执着于"有"，忽视了"无"，所以通常人们就很难明白其中的真理，人一旦太执着于有形的物质，就很容易被有形外相所迷惑，迷而后茫然，就会丧失智慧。老子说"执者失之"，就是这个道理。

老子在第十章提出六个灵魂的反问，其中有五个问题就是讲"无"（能无离乎、能无疵乎、能无知乎、能无为乎），所以感觉第十章很玄妙很深奥很难理解。而接下来第十一章老子就专门讲"无"和"有"的关系，然后举了一些生活中常见的例子，比如车轮、器物、房屋门户等常见事物，即车轱辘中间是空的，才能组成车轮；陶瓷中间是空的，才能当成可以承载物品的器皿；房屋中间是空的，才能住人；所以，一切有用的东西都是空与满、虚与实的结合，"有"和"无"的相融。"有"其实是源自"无"的。不要太执着于"有"，忽略了"无"的存在价值，"无"才是"有"的根本源头。所谓"有之以为利，无之以为用"。没有"无"，怎么可能"有"？这两者是非常辩证的存在。就像太极阴阳是共存在一体的，是一体两面而矣。宇宙之间，没有黑夜怎么会有白天？不要忽略某一方面，应该整体的去理解世界这种平衡关系。现实生活中，人们往往只重视看得见的摸得着有形的一面，忽视另外无形一面的存在，这显然是不全面不辩证的也是不正确的认知。我们应当复归到事物的根源去理解世界全貌，绝对不能学瞎子摸大象。只有全面辩证的看问题，看待事物，看待世界才能获得真正的大智慧，只有这样才能领悟老子哲学思想中闪光的智慧能量，才能恍然大悟：无用之用，或许才是真正之有用。

财富管理与投资视角

在投资学界我们都知道股神巴菲特，著名的价值投资人，

巴菲特的价值投资所关注的往往是人们当时认为可能是无用的
东西。但是在巴菲特看来，这种无用的东西往往是最有用的。
他从来都不看重短期的收益，他很重视这家企业本身的价值，
其创业者是不是一个真正伟大的企业家。他不是看这支股票的
短期的有利可图，或持有或无利可图马上抛售，而是把自己等
同这家企业的经营者，因为他认为既然是这支股票的持有者，
就是和这家公司同命运，与其同甘共苦，伴随与等待多年，30
年甚至 40 年，长期追随其发展所带来的巨大红利，例如他投
资的可口可乐公司；而且在生活中，巴菲特确实喜欢喝可口可
乐，从小开始就专注喜欢可口可乐饮料。他是骨子里面真正的
爱上了这家公司及其产品，所以他才成为神一样的投资专家而
不是投机客。这难道不是"无之以为用"的智慧吗？

　　我们在谈财富管理问题的时候，同样也面临着一个有用
与无用的问题：有人问学《道德经》和财富管理有关系吗？把
古文读得再熟对于赚钱这个事有用吗？再直接一点就是问：学
《道德经》有用吗？读你这本书就有用（能赚钱）吗？或者有
人也会这么问：读了那么多书，不挣钱有用吗？甚至在现实生
活中，有人很功利的认为朋友就是拿来用的，如果没有利用价
值的朋友，还有必要交吗？每当遇到诸如此类的问题，要相信
老子告诉我们的这句话："有之以为利，无之以为用。"老子在
后半部《德经》还告诉我们"重积德，则无不克。"（第五十九
章）。同理，在佛教讲因果关系；比如"善有善报，恶有恶报，

不是不报，时候未到"。世间一切，自有因缘轮回。常言道，"人在做事天在看。"不付出怎么会有回报？而这个付出过程肯定是没有那么快见到结果，似乎是无结果的努力，但是老子告诉我们要相信，"无"一定会带来"有"。今天你没有财富，不等于明天你没有财富。你内心深处要有这个信念，正因为现在没有财富，才更需要管理财富。正因为现在没有钱，才更需要学习去赚钱。俗话说"你不理财，财不理你。"有了这个信念就会去寻找财道。正因为明白自己没有财富，是因为还没有掌握获取财富的知识。所以才会认真去读书，才应当向有财富有经验的高人学习，去寻找生财之道，终究会有那一天，当知识与经验、缘分的累积会使一个坚持学习、坚持践行的人获取到财富（包括精神层面和物质层面的财富）。在修行人看来，这叫福报的到来。记住：一个人永远赚不到自己认知以外的钱。

第十二章

去波取此节制之道

原文

五色令人目盲，五音令人耳聋，五味令人口爽，驰骋畋猎，令人心发狂，是以圣人为腹不为目，故去彼取此。

注释

五色令人目盲，五音令人耳聋，五味令人口爽，驰骋畋猎，令人心发狂

注：爽，差失也。失口之用，故谓之爽。夫耳、目、口、心，皆顺其性也。不以顺性命，反以伤自然，故曰盲、聋、爽、

狂也。

按：五，指数量多。五色、五音、五味，实际上是指有诱惑的外界，比如五颜六色的世界，五彩缤纷的世界，都是指带有诱惑的世界。这些诱惑都会扰乱心性的安宁。

难得之货，令人行妨。

注：难得之货塞人正路，故令人行妨也。

是以圣人为腹不为目，故去彼取此。

注：为腹者以物养己，为目者以物役己，故圣人不为目也。

按：以物役己，即用身外之物来影响自己内心的安宁。正如禅家称此行为是"心随物转"，真正的修行者恰好相反，是"物随心转"。不管是"风动"还是"幡动"，只要仁者心不动，让物为心所转，一切将皆复归平常。（参见慧能法师的《六祖坛经》公案典故）所以悟道的圣人绝对不会"为目"，从而选择舍弃一般人所喜好之色、音、味，只要畜养身心安宁，裹腹即可。这也是养生之道。老子称"为腹不为目"。

本章直译

色彩缤纷令人眼花缭乱，甚至目盲。动听的音乐，让人太过于享受，反而让人的听觉失灵了。非常丰富的美食，让人的胃觉得失灵了，感觉好像吃什么东西都没有胃口一样。追逐猎物使人心发狂，新奇的物品钩引起了人们的贪欲，从而去争夺和偷窃。因此圣人只求肚子吃饱，而从来不为眼睛看着好看。

所以他会舍去掉后者（目）而取前者（腹）。

综述解读

　　老子在上一章通过借物论道，讲解了"有"和"无"关系，接下来在本章就落实到讲人，普通人和圣人应当如何对待"有"的问题。普通人往往在"有"的状态下、物质富裕的状态下，非常容易追求五色、五音、五味和贵重奢侈品的享受，却忘记了里面可能潜藏的危机，所以圣人的做法是什么样的？因为明白了"有"和"无"的关系，所以圣人"去彼取此，为腹不为目"，摒弃外界色香物欲的诱惑，追求内心安宁恬静的生活方式。

财富管理与投资视角

　　从投资学来看，当投资者进入了一个好的平台，获得好的资源，各方面顺风顺水，人的贪欲就会膨胀起来。这个贪婪之心在投资学上是大忌。因为投资失败的根源就在贪婪与恐惧，所以在这个问题上面老子已经提醒我们了，一定要平衡心态，知道节制贪欲，"祸莫大于不知足"。所以应当平衡心态，做好投资风险控制。投资越是顺风顺水，资源越多的时候越要警惕，不要盲目的走多元化，片面扩大规模，其结果可能导致过度投资，负债率过高，一旦市场环境变化，企业立刻遇到了困境，资金链一旦断裂就危险了！

第十三章

宠辱不惊托天下

原文

宠辱若惊，贵大患若身。

何谓宠辱若惊？宠，为下，得之若惊；失之若惊，是谓宠辱若惊。

何谓贵大患若身？吾所以有大患者，为吾有身。及吾无身，吾有何患！故贵以身为天下，若可寄天下。爱以身为天下，若可托天下。

注释

宠辱若惊，贵大患若身。

何谓宠辱若惊？宠，为下得之若惊，失之若惊，是谓宠辱若惊。

注：宠必有辱，荣必有患，（宠）辱等，荣患同也。为下得宠辱荣患若惊，则不足以乱（按：治也）天下也。

按：这句话也可以读为："宠为下，得之若惊，失之若惊。"从王弼注释里面，我们看得出来，他是用辩证和全面的观点去看待宠和辱这个问题，它具有对立统一性，要有居安思危意识。心态一定要平和。要治理天下，做大事的人，心态一定要平和，不可患得患失，宠辱若惊。

何谓贵大患若身？

注：大患，荣宠之属也。生之厚必入死之地，故谓之大患也。人迷之于荣宠，返之于身，故曰"大患若身"也。

按：在老子的思想里面有生于无，无中生有，有和无是相互转换的，执着于"有"必会失去"有"！世人往往在享受荣华富贵之时，沉迷于荣华富贵，其实这里面危机四伏，很快可能就复归于"空无"了。换言之，人生在世也不过短短几十年。历史上享尽荣华富贵的帝王将相，终有离开人世间的时候，有些甚至很短命，例如秦始皇称霸天下，一统中国，建立了历史上第一个强大的中央集权制的大秦帝国，史称千古一帝的秦皇嬴政寿命也只有49岁就离开了世间，一切荣华富贵都归零了。

我们现代人有机会可以去参观一下古代帝王的陵墓，我每当参观结束后总有一种感叹：此人，生前荣华富贵，死的时候也想让他的亡灵在地下阴间也同等享受阳上世间之荣华富贵，但实际上他死了，一切都归于空无微尘！对于这个死亡的人而言，一切荣华富贵、金银财宝、房屋车马、士兵侍卫、妻妾美女等等有形物质都是空的，毫无意义的。

吾所以有大患者，为吾有身，

注：由有其身也。

及吾无身，

注：归之自然也。

吾有何患！故贵以身为天下，若可寄天下；

注：无（物可）以易其身，故曰"贵"也。如此乃可以讬天下也。

爱以身为天下，若可托天下。

注：无物可以损其身，故曰"爱"也。如此乃可以寄天下也。不以宠辱荣患损易其身，然后乃可以天下付之也。

按：大道无情，天地不仁，本无宠辱。加于人之上的宠辱全都是情欲所致，如何才能保持常青常静的天真本性？如果当一个人宠与辱皆不理会，岂会有宠辱之象？天，上天也；下，地下也。所以老子提醒人要向天地学习；天地无情，运行日夜，无宠无辱，无惊无喜。圣人习得天性，宠辱不惊，故可以托付天下给他。

本章综述

老子在第十二章的时候提出让人们修练内心的时候，先把外界的五色，五音，五味，这些令人心发狂的行为都戒除掉，即戒欲，"去彼取此"；那么接下来第十三章，老子就让人们保持一种平常心的，不管是荣耀还是耻辱，都能够拿得起，放得下，就像没有这回事一样，"及吾无身，吾何患之有"，这样的人才可以做大事成就大业，可以托天下给他。正如佛说先"戒"后"定"，最后必然获得智慧一样。

财富管理与投资视角

第十三章里面，其实老子是给我们一个提醒：要看淡、看破、看透有形的物质，不要太执着于有形的物质世界，不要太执着于色、相、味的物欲世界。用"无我无身"心态去看待世间财富，用"无我利他"思想去管理财富才真正留得住财富，守得住财富。让财富为人类服务，落地为实业，推动人类文明进步，从而产生无穷无量的长期价值。

宠辱不惊，这是很重要的投资心理。换而言之就是"拿得起放得下"，只是在现实生活中，尤其是在投资领域里面，大多数投资者投了金钱进一个项目之后心态很难平和，真正能够做到不患得患失，放得开的人极少。但是，真理往往就在少数人手里，大多数人患得患失。所以我们应当学会客观地去审视企业的发展规律，应当清楚一个企业的兴衰成败，是有规律的，因为经济的发展，繁荣、衰退乃至经济危机，这些都是有规律可循的。正如人生有高峰，也有低谷，应当知道这是常态。尤其是人生面临低谷，遇到挫折的时候，像老子教导这样做到宠辱不惊，永远保持一颗平常心就好了平常心从哪里来？从无我境界来，因为"及吾无身，吾何患之有"。在做投资决策之时，更要有宠辱不惊的正确心态！当事业顺风顺水，荣耀显赫之时要有一颗平常心；当投资在短时间出现失利，更要把挫折当成是一种修炼！正如常言道"留得青山在，不怕没柴烧"，只有保持一种平常的愉悦的心情，将一切暂时的荣辱都置之身外，才可能从困境中走出来，取得最终的持久的成功。

第十四章

执古御今，三元道纪

原文

视之不见名曰夷，听之不闻名曰希。搏之不得名曰微。此三者不可致诘，故混而为一。其上不微，其下不昧。绳绳不可名，复归于无物。是谓无状之状，无物之象。是谓恍惚。迎之不见其首，随之不见其后。执古之道，以御今之有，能知古始，是谓道纪。

意译

一个事物如果用眼睛看，却看不到它，叫无象；用耳朵听却听不到它，叫无声。用肢体去触摸它，却触摸不到，叫无形；无法探索它是怎么来的，这可能就是我们所说的"道"。

"道"是很神秘很微妙的东西，看不见听不到也摸不着，从上面看好像有光但又不发光，按光去寻找却找不到；从下面去看，也看不到阴暗，按暗处去寻找也寻找不到。

"道"是延绵不断的，且又不断在变化的，最终总是回归到"无"的状态，即无色、无声、无形。它被称为没有形状的形状，也被称为看不见物体的形象，似有似无，前不见头，后不见尾。如果能够把握住从远古就发生有的这种"道"，便能够通晓世间一切万物，也能够掌握古今一脉相承的规律了。

综述与解读

老子在本章进一步详细的描绘"道"到底是什么东西？讲的比较模糊，看不见也摸不着，但这并不重要，正如现代科学里面还有一门混沌学，这个学科就是让你明白世界可能就是混沌的，未必是有规则的，但是在这种混沌中，人的顿悟与觉知更为重要，正如我们熟知的佛教中的禅宗：不立文字，直指人心，明心见性。这可以说也是古代中国人的混沌学。在这一章里面我们发现老子的思想其实也是混沌学的思想来源。世间有些事情就是在模模糊糊，恍恍惚惚的混沌状态中突然顿悟的，这叫灵感，当然要获得灵感的这个过程需要修行。所以我说《道德经》其实并不是拿来读的，它是拿来修炼的，你在修持、禅定中，与道的能量场同步了，顿悟了，你就与两千五百年前的老子思想同步了，在那一刻你或许与老子灵魂感而遂通，立刻明白了，可能你是在瞬间那一刹那间明白了其中的真理。这就是"执古之道，以御今之有"的妙处。这句话很重要，让我们明白这个神秘莫测的"道"可以穿越古今。这种穿越就是体现了一种规律，正因为它是无形的，没有任何的形状，你看不见也摸不着，"道"才可以穿越古今。古代有"道"，现代有没有？其实也有，你能触摸得着它吗？你摸不着，所以你只要理解了，明白了这个道理，你就可以抓住了"道"核心。明了"执古之道，以御今之有"，这里面隐藏着深远奥妙的道理。

注释

视之不见名曰夷，听之不闻名曰希。搏之不得名曰微。此三者不可致诘，故混而为一。

注：无状无象，无声无音，故能无所不通，无所不往，不得而知，更以我耳、目、体不知为名，故不可致诘，混而为一也。

其上不微，其下不昧。绳绳不可名，复归于无物。是谓无状之状，无物之象。

注：欲言无邪，而物由以成。欲言有邪，而不见其形。故

曰："无状之状，无物之象"也。

是谓惚恍。

注：不可得而定也。

迎之不见其首，随之不见其后。执古之道，以御今之有。

注：有，有其事。

能知古始，是谓道纪。

注：无形无名者，万物之宗也。虽今古不同，时移俗易，故莫不由乎此以成其治者也。故可执古之道以御今之有。上古虽远，其道存焉，故虽在今可以知古始也。

拓展思考

什么叫"一三五之道"

道生一，一生二，二生三，三生万物。

"一"是道。落实在人，是指人的本性；"二"是阴阳，一生二，人生出一双眼睛，可以看世界，"三"指人出生目、耳、手肢体。眼睛视看色，耳听声，肢体触摸世间万物之形状。"五"是指世界万物：金、木、水、火、土，称为五行。三生万物，指人通过眼、耳、手可感知世界万物。人生成发育后，色、声、味、触欲望不断增长，于是有生、老、病、残、死。这是凡人一生的规律。而如果能复归于道一的修行，无欲，断绝舍弃色、味、声、触等欲望，收摄"三"回归"一"，回归到婴儿般的状态，则可逆生长，明道归真，成为长生不老之仙人，这是圣

贤人修道的目标追求。所以老子说"此三者不可致诘，故混而
为一"。

王弼注"无状无象，无声无响，故能无所不通，无所不
往。"其中能量无穷。所以"执古之道，以御今之有。"明白这
其中的道理才能提升自己的思维高度，博古通今，从而扩大心
胸格局，谋大局，成大业。

财富管理与投资视角

不积跬步何以至千里？成功都是由日常微小的改进，慢
慢积累而来。财富管理当然也是这样，不管好小财，何以来大
财？开源节流，方可畜养生财。有些人生活中常常无节制的消
费，这种人的生活很难致富，即便曾经富有，也难逃败家之运。
很多问题也都是从小的地方产生的，古人也常说"小不忍则
乱大谋"。不论是投资或者做管理，大家一直在思考怎么样才
能预防"黑天鹅""灰犀牛"事件？（例如俄乌战争、新冠疫
情），其实我们更应该去时刻提防那个"大白鲨"事件。在金
融市场、投资领域，股市风云变幻，很多事件往往都是起源于
非常微小的事情，虽然我们没有办法把握，我们也没有办法预
测，但是如果遵从规律，是能够及时的纠正偏差的。"执古之道，
以御今之有"。前题是一定要真正的懂得"道"在哪里？这就
需要不断的修行与学习《道德经》。

第十五章

善为道者，微妙玄通

原文

　　古之善为士者，微妙玄通，深不可识。夫唯不可识，故强为之容。豫焉冬涉川，犹兮若畏四邻，俨兮其若容，涣兮若冰之将释，敦兮其若朴，旷兮其若谷，混兮其若浊。孰能浊以静之徐清？孰能安以久动之徐生？保此道者不欲盈，夫唯不盈，故能蔽不新成。

注释

古之善为士者，微妙玄通，深不可识。夫唯不可识，故强
为之容。豫焉若冬涉川，

按：马王堆汉墓帛书版中"士"为"道"字。帛书原文是
"古之善为道者，微妙玄达。"

注：冬之涉川，豫然若欲度，若不欲度，其情不可得见之
貌也。

按：就像在寒冷冬天要渡过面前一条大河，心里面在犹豫
而不决：我到底是要不要渡过这条大河呢？一而再再而三地反
复思考："渡还是不渡呢？"此情此景，此时此刻的这种心理状
态和这种容貌。"不可得见之貌也"。

直译：

古代修行善于得道的大德高人，往往玄鉴通达，神秘莫测。
正因为他高深不可测，所以只能勉强形容一下他的状态：他犹
豫的状态就好像在寒冬季节却要渡过横亘在面前的大河一样。

犹兮若畏四邻。

注：四邻合攻中央之主，犹然不知所趣向者也。上德之
人，其端兆不可覩（同"睹"），意趣不可见，亦犹此也。

直译：

当四周邻国合围进攻中央一国时，此时中央君主非常犹
豫，不知何去何从？而此处境下的得道高人不可向外界显露其
意图。

俨兮其若容，涣兮若冰之将释，敦兮其若朴，旷兮其若谷，混兮其若浊。

注：凡此诸若，皆言其容象不可得而形名也。

按：俨然而注重容貌，很洒脱如冰释，敦厚朴实，心胸豁达宽广如山谷，包容如浑水。这些都是形容善为士者之深不可识。

直译：

这种高人是很注重仪容，又很洒脱自然，朴实敦厚，同时心胸豁达，包容万物。

孰能浊以静之徐清？孰能安以久动之徐生？

疏：马王堆帛书版原文是："若浴（谷），浊而情（静）之，余（徐）清。女（安）以重（动）之，余（徐）生。"

注：夫晦以理，物则得明；浊以静，物则得清；安以动，物则得生。此自然之道也。孰能者，言其难也。徐者，详慎也。

按：在这段话中含有两个反问，让我们反复思考：能不能做得到？此前第十章老子提出六个反问，让大家深思"无"的境界。但凡老子提出反问的地方其实都是很难作出简单解答的，也是很难做得到的。老子的教育就是在启发我们的思考与重新认知的智慧。而这也正是道的力量所在。

似乎老子反问"孰能"也是在感叹：

"一潭浊水要变清澈见底很难！"

"当事物静止安息后再让它起死回生很难！"

虽然很难，但是时间的力量却可以解决一切问题。结合马王堆汉墓帛书文字，可以找到这样一个解释："余（徐）清"，余（徐）应表示为一个缓慢的时间过程。浑浊的水让其静止一段时间之后，经过缓慢的等待，浊水就慢慢的变成清水了。这里强调了时间的力量，在缓慢的等待，在时间流逝的作用下，一切将复归自然本来面目。浊水变清，燥动亦将变易回归安静。

直译：

谁能够在这种混浊的环境中依然镇定，使纷乱的世界慢慢澄清？谁又能够在安定中由静缓缓的入动？

保此道者不欲盈，

注：盈必溢也。

夫唯不盈，故能蔽不新成。

注：蔽，覆盖也。

按：以上讲谦虚谨慎。

直译：

持有"道"的人不让其欲望盈溢；正因为不求私欲，所以才能谦虚而谨慎，吐故纳新。

财富管理与投资视角

善于管理财富的人，应当学习并深刻领悟本章所阐述之道。永远保持谦虚谨慎，戒骄戒躁的处世态度，只有这样才能守持好来之不易的财富。如果说谋财是靠"道"，守财则是靠

"德"。所谓"厚德载物"，德有多厚才能守住多厚的财富。此两者是相互匹配的，称为德才（财）配位。若德不配位，再多的财富也守不住。本章老子描述了得道之人应持有的微妙玄通的心态。智慧之人的表现是这样的：深不可识，谦虚谨慎，不骄不躁，永远保持平常心，宠辱不惊。投资成功原因都不一样，但失败却往往都一样：贪婪与恐惧。在投资之路上风云莫测，五彩诱惑、利欲熏天唯有正知正觉，持平常心，重积德，利乐众生，方可逢凶化吉水到渠成。

第十六章

致虚守静，归根复命

原文

致虚极，守静笃，万物并作，吾以观复。夫物芸芸，各复归其根。归根曰静，是谓复命。复命曰常，知常曰明。不知常，妄作，凶。知常容，容乃公，公乃全，全乃天，天乃道，道乃久。没身不殆。

注释

致虚极，守静笃，

注：言致虚，物之极笃；守静，物之真正也。

按：这里指的是一种修炼的最高境界，让自己的心念断除一切杂念，达到一丝一毫的动念都没有，虚静到了极致。

注：笃，《说文》：马行顿迟，从马，竹声。《广韵》：厚也。《易·大畜》：刚健笃实，辉光日新其德。《尔雅·释诂》：笃，固也。疏：物厚者牢固，所以，"笃"指纯一浑厚，不动不易。（任法融先生注）

万物并作，

注：动作生长。

按：宇宙一切万事万物都是由一动一静的变化运行而生出成长而来的。

吾以观复。

注：以虚静观其反复。凡有起于虚，动起于静，故万物虽并动作，卒复归于虚静，是物之极笃也。

按：显然，通过修持"致虚"和"守静"有利于回归本性，有利于观察天下万事万物。这是修持"道"，法天地德性的至高境界。正如古人云"养天地正气，法古今完人"。

夫物芸芸，各复归其根。

注：各返其所始也。

按：不管世间万物多么的复杂，总有其根源，只有我们抓住了万事万物的根源，就能找到解决万事万物的方法。

归根曰静，是谓复命。复命曰常。

注：归根则静，故曰"静"。静则复命，故曰"复命"也。

复命则得性命之常，故曰"常"也。

按："常"，久也。"静"是万物之根本，也是长久之道。周易恒卦上六，王弼注："安者，上之所处也，静者，可久之道也。"由此可见老子和王弼皆通《易》，而我们学《道德经》也应了解一下《易》经的内容，这两部经典其实是相辅相成的，相互补充。《易》只有象，以致于后世的人们就太执着于象，老子说不要太执着于象，因为"执者失之"，要灵活，要用全面的辩证的观点去看待万事万物。明白了其中道理才可能证悟恒久的道。

知常曰明，不知常，妄作，凶。

注：常之为物，不偏不彰，无皦昧之状、温凉之象，故曰"知常曰明"也。唯此复，乃能包通万物，无所不容。失此以往，则邪入乎分，则物离其分，故曰不知常则妄作凶也。

知常容，

注：无所不包通也。

容乃公，

注：无所不包通，则乃至于荡然公平也。

公乃王，

注：荡然公平，则乃至于无所不周普也。

按：王弼版"王"字，据考证实则是"全"字之伪。王弼注本"王"字、唐景龙易州龙兴观本"王"字，邢州碑本"生"字，应当都是"全"字之坏字，"生"字尤形近于"全"，应该

是历朝历代碑拓漫蜕变后的错字。(出自朱谦之撰《老子校释》1963 年中华书局出版)

王乃天，

注：无所不周普，则乃至于同乎天也。

天乃道，

注：与天合德，体道大通，则乃至于(穷)极虚无也。

道乃久。

注：穷极虚无，得道之常，则乃至于不穷极也。疏：不穷极，即无极，久远之意。

没身不殆。

注：无之为物，水火不能害，金石不能残。用之于心，则虎兕无所投其(爪)角，兵戈无所容其锋刃，何危殆之有乎！

按：得"道"的人，因为知道常理，知道了宇宙运行的规律，就可以躲避一切灾祸，让他的事业、人生顺风顺水。

综述解读

老子在前几章叙述了道的意义，得道之人的智慧作为是什么，接下来告诉我们怎么样才能修行得道之法？"致虚极，守静笃"，老子通过修静入虚无状态(即得道证悟天地之法)，以此观察天下而知其常(世间万事万物运行变化之规律)，在于复归其根本也！这种看似极其简单的修行法，其意义重大！因为"知常容，容乃公，公乃全，全乃天，天乃道，道乃久。没身不殆。"本章是《道德经》中非常重要的内容。许多伟大的企业家（管理者）都从这一章里面获取到巨大的能量，从而成就伟大的事业。所以我们应当认真的去感悟，深刻去理解其中奥妙之道。

财富管理与投资视角

投资在现代经济领域里面涉及到非常广泛的知识面。就个人行为而言，投资可能除了数学知识之外更多涉及心理学、哲学。要想做好投资，必须做好"致虚"和"守静"两个功夫。只有心空无物，心静至极，才能看清万事万物变化之规律，洞悉大道之真谛，才能成就伟大事业。在财富管理这个问题上，更是要谨小慎微，"若冬涉川，畏四邻，若冰之将释"（第十五章），如果不认识规律，轻举妄动往往会出现灾祸。"不知常，妄作，凶。"而觉知"道"（即"知常"）的人是无所不通达的，无所不融通的，就会坦然而公正，公正之后就能够周全，周全才能够符合自然之道，符合自然之道才能长久，终身不会遭遇到危险。

实际上投资者（财富管理者）最希望是避险，避开风险获取利益最大化。但是如何避开风险？这是大学问。非历经长期的修炼与悟道，难以获取其中的智慧。所以本书不探讨具体的数量化的技术，因为这是"术"不是"道"，我们向《道德经》学习就是学习《道德经》中隐藏着的智慧。它是"无"的境界，无所不通，它可以无量无穷的大，远达至任何领域。"大曰逝，逝曰远，远曰反，故道大，天大，地大，人亦大。"（第二十五章）这就需要我们去学习老子修炼这种智慧的方法，如何修炼？归根于静，复命于常。进入静定和虚空的状态，这需要个体自我的体验。

事实上当代世界上的有许多伟大的企业家都经常去做这种禅修功课。禅定这种方法其实会给企业家带来灵感。例如美国苹果公司的创始人乔布斯就曾经专门去印度禅修，日本的稻盛和夫曾出家为僧、松下幸之助也是非常注重修禅，他们用智慧感通运用到现代企业创新与管理，取得巨大成功，他们正是"执古之道，以御今之有"的成功典范。

拓展禅悟

心安即是归处。现代的投资人最大的问题是：当投资这个行为做完之后，接下来其心里总是忐忑不安。根源在于没有看"空"。没有进入"无"的维度空间思考看世界，太执着于"有"。心中念念不忘"有没有收益呀？""这个是不是真的？"老子说"执者失之，为者败之。为无为，而无所不为。"此境界只有在"致虚极，守静笃"状态下才能顿悟的，换言之，修进禅定之后才能证悟此道。所以，投资者应当习惯于这种思维，或称为"金融思维"，而非"实业思维"；或称之为"虚拟思维"，而非"实体思维"。因为"以虚静观其反复。凡有起于虚，动起于静，故万物虽并动作，卒复归于虚静，是物之极笃也。"
（王弼注）天地间一虚一实，一动一静，一阴一阳，都是存在的，
"存在即合理。"（出自黑格尔《法哲学原理》）

第十七章

太上自然，功成事遂

原文

太上，下知有之。其次，亲而誉之。其次，畏之。其次，侮之。信不足，焉有不信焉。悠兮其贵言。功成事遂，百姓皆谓我自然。

综述解读

老子在上一章讲了修行的核心方法，非常的重要！要修行，获取道的巨大能量必须要明白"虚无"和"守静"的方法才能了解世界的规律，通达天、地、人之间的关系，从而做到逢凶化吉。而在接下来这一章，老子直接讲人王之道。从现代管理角度来讲就是管理学智慧。即将管理者进行一个分层，分为不同的管理方法，不同的管理境界，四个不同层次，结果是不一样的。老子最推崇的是无为而治的管理方法，当然这种无为而治的管理方法有一个前提就是管理者必须是懂得"道"的人，在这种道法自然的管理境界下面，百姓（企业员工）感觉到非常舒服，一切复归自然，让事业顺风顺水，自然而然取得成功。

注释

太上，下知有之。

注：太上，谓大人也。大人在上，故曰"太上"。大人在上，居无为之事，行不言之教，万物作焉而不为始，故下知有之而已。言从上也。

按：这是讲最高治理境界：天地任自然，无为无造，万物自相治理。

从另一个层面来看。也就是有些人知道有这样的高人之后，他就愿意相信高人所言所为是"有"的，即便是在众人看来看是"无"，但实际上是其中必隐藏着"有"，从而坚决、坚定的相信高人的决定并且执行。

其次，亲而誉之。

注：不能以无为居事，不言为教，立善行施，使下得亲而

譽之也。

按：这种境界下，人们愿意亲近他、赞誉他。因为他是做事低调，教化大众，是亲力亲为而不是用言语；他善于做慈善事业而不张扬，做了也不留痕迹，人们都不知道他所做所为。

从另外一个层面解读，有些人虽然不一定相信，但是他愿意亲近高人。

其次，畏之。

注：不复能以恩仁令物，而赖威权也。

按：这一种层次的管理者是用权威去管理，人们因畏惧其权威而服从于他。

从另外一个层次去解读的话，有些人听完高人的思想之后，因为不相信而产生恐惧，敬而畏之。

其次，侮之。

注：不能以正齐民，而以智治国，下知避之，其令不从，故曰"侮之"也。

按：此种治理之下，百姓都避而远之，不服从管理。

从另外一个层面解读就是，有些人因为根本听不懂高人的思想，根本谈不上相信，甚至自以为是，用辱骂之声表示自己知道，其实上他根本不知道自己不知道。

信不足，焉有不信焉。信不足焉，则有不信，

注：夫御体失性，则疾病生；辅物失真，则疵釁（ｘｉｎ）作。信不足焉，则有不信，此自然之道也。已处不足，非智之

所（济）也。

按：疵衅，瑕疵，污点，也有毛病的意思。王弼注解时举了个例子，从养生的角度去看，如果去调理身体而不符合身体的自然本性方法，"以妄为常，起居无节，不知持满，不时御神，务快其心，逆于生乐，故半百而衰也。"（出自《养生·素问上古天真论一》）人的身体就会出现疾病。因为违背天、地、人的自然规律。如果用这种方法去辅佐管理事物（包括管理国家）也会有毛病瑕疵出现的，因为背离了本性。

这段话从管理学角度看是指是管理者不讲究信用，言而无信。所以百姓就不信任他，甚至轻视他。

悠兮其贵言。功成事遂，百姓皆谓我自然。

注：自然，其端兆不可得而见也，其意趣不可得而现也。无物可以易其言，言必有应，故曰"悠兮其贵言"也。居无为之事，行不言之教，不以形立物，故功成事遂，而百姓不知其所以然也。

按：最高境界的管理者都是悠哉悠哉的样子。而且他是言必有信，行必有果。得"道"的高人（太上）把事做成了，大家还不知道。人们还以为本来就是这样的，一切都是自然而然的。

财富管理与投资视角

在投资界大家都知道美国有一位传奇的沃顿·巴菲特先

生，其人生很传奇，大家都称他为神，股神、投资之神。他是如何成为世界证券投资巨擘的？他出生并一直住在美国中部的一个安静、面积不大、人口不多的奥马哈市（相当于中国西部的一个小县城），普通大众也不知道他九十年以来的人生里做了什么大事（这里指的是他并没有生产什么具体的大众看得见的产品，也就是没有做很具体的实体经济），而他却掌控了世界绝大部分的财富，2016年3月1日，福布斯公布全球富豪榜单，沃伦·巴菲特个人财富为608亿美元，全球排名第三。2022年，沃伦·巴菲特以1180亿美元财富位列《2022福布斯全球富豪榜》第5名。在生活中人们发现，巴菲特很谦虚，讲话又那么的简单，一切都是这么自然而然就成了，其实普通大众不知道他背后做了什么功课？他的价值投资论，是怎么去落实的？这也许就是老子说的"无为而治"吧？为无为则无不治。他的信念与坚持，并且非常注重信用，他言出必行，行必有果。要知道在现代金融与投资领域，信用就是无形资产。所以管理好信用就是管理好财富。

第十八章

道废失而后德

原文

大道废，有仁义；智慧出，有大伪；六亲不和，有孝慈；国家昏乱，有忠臣。

注释

大道废，有仁义。

注：失无为之事，更以施慧立善，道进物也。

按：其意思是弃无形而进有形之物，即舍本逐末之作为。这种聪明其实存在很大虚伪。

智慧出，有大伪；

注：行述用明，以察奸伪，趣现形见，物知避之。故智慧出则大伪生也。

六亲不和，有孝慈；国家昏乱，有忠臣。

注：甚美之名，生于大恶，所谓美恶同门。六亲，父子、兄弟、夫妇也。若六亲自和，国家自治，则孝慈、忠臣不知其所在矣。鱼相忘于江湖之道（绝失），则相濡之德生也。疏：《庄子·大宗师》曰："泉涸，鱼相与处于陆，相呴以湿，相濡以沫，不如相忘于江湖。"王弼在此借庄子之言佐证"甚美之名，生于大恶"之论。

解读

在管理学上，大多数人都采用"有为"的方法。而实际上有"大道"的管理应该体现的是"无为而治"。在市场经济上，各种所谓的聪明智巧现象出现了，说假话、大话、做假事、不守信用的人就多了。老子在十七、十八章实际描述了春秋战国时期社会现实情景，提醒人们包括君王贵族们反思，而后做出正确的选择。

财富管理与投资视角

现代市场环境复杂多变、股市风云起起伏伏变幻莫测。如何去伪存真？如何面对投资市场风云突变事件所引发的舆论风波？这时正是考验与修炼投资者是否拥有强大的内心定力的关卡！能否渡过这一关便是投资成败的关键。企业的经营管理也面临着诸多变数。这需要管理者提升管理的境界，需要投资者擦亮眼睛。如何把握好"有、无、动、静"的关系？记得老子十六章讲的"致虚极，守静笃"吗？"夫物芸芸，各复归其根。归根曰静，是谓复命。"当把波动的内心调整到一丝动念都没有，这就安静到了极致，当静到极致的时候，我们才可能看清事实的真相，因为此刻智慧产生了。投资者不要被纷纷扰扰的表象所困惑，一切自然水到渠成。

第十九章

见素抱朴，少私寡欲

原文

　　绝圣弃智，民利百倍；绝仁弃义，民复孝慈；绝巧弃利，盗贼无有。此三者，以为文不足，故令有所属，见素抱朴，少私寡欲。

注释

　　绝圣弃智，民利百倍；绝仁弃义，民复孝慈；绝巧弃利，盗贼无有。此三者，以为文不足，故令有所属，见素抱朴，少私寡欲。绝学无忧。

注：

圣智，才之善也；仁义，行之善也；巧利，用之善也。而直云绝，文甚不足，不令之有所属无以见其指，故曰"此三者以为文而未足，故令人有所属"，属之于素朴寡欲。

按：以上三条（圣智、仁义、巧利）作为理论是不够的，所以要使人有所从属，那就是外表单纯、内心朴素，减少私心，降低欲望。

疏：易经曰"形而下为之器"。孔子制礼乐之器，以有形之礼入世教导人，创儒家思想。中、下士人很容易明白，故著《大学》《中庸》以化育天下，从而"为学日增"。但是这个理论并不足够。"此三者，以为文不足"，还应当令人心要有更高的归属。要做到这点必须要修学无形大道之学，即见素抱朴、少私寡欲。易经云"形而上者为之道"。故老子讲道，讲为道日损，损之又损，以至于无为。无之以为用。为无为，乃至无所不为。是最高境界啊！上士闻道，一听就明白，勤奋而笃行。所以只有将形而上和形而下完整的结合才是宇宙整体观。一阴一阳之谓道也！

绝学无忧

疏：通行版本，将此四字列入下一章开首之言。但是从全文内容来看，这个内容其实应当合并在第十九章成为一整章，更加承上启下。"见素抱朴，少私寡欲"只提出了希望与要求，至于怎么做？方法应当采取"绝学"而后才能"无忧"。我们也应当知道老子五千言并没有分章节，分章是后人整理分类传承下去的。我们应当把老子思想整体理解才能参悟大道之学的精髓。

直译

抛弃聪明和乖巧，老百姓才可以得到百倍的利益。断绝所谓的仁爱仁义，老百姓就会恢复到孝慈天性。断绝了巧诈和贪欲，盗贼就自然消失了。因此要抛弃所谓的"圣智、仁义、巧利"这种三种形式，因为那都是一种形式的礼节巧饰。人们如果恢复到如婴孩般的单纯朴实，内心减少私欲杂念，则无往而不胜。修道的人外表单纯，内心是朴素宁静的，减少私心，降低欲望，这样就能不会被外界物质所吸引而迷惑困扰。应当怎么修行呢？就必须"绝学"，因为"为道日损，损之又损，以致于无为"，无为而治则没有忧愁。

解读

上一章描述了春秋战国之乱象，接下来老子想告知人们应该怎样应对才符合道。那就是"见素抱朴，少私寡欲。"要做到以上境界必须要"绝学无忧"。为什么？为学者日益，为道者日损，损之又损，以至于无为。为无为，乃至无所不为。即"有"与"无"两个层面。益是增益，增加有形之物。损则是减少至无形、无为之道。修道者修无为，修无欲之纯朴，回归婴孩之真朴。只有明白这个道理，大公无私了，合乎天道，道乃久，没身不殆。

投资视角

"见素抱朴，少私寡欲"其实是一种投资心理学，因为心安静了，自然能审断是非，自然能看明白事物真相，明了洞释市场万象，断除贪婪和恐惧。我们应当明白，投资从来都不只是一门单纯的技术层面的事。从全球金融市场、美国华尔街的金融发展史都可以看到，投资成功的老大从来都是需要时间的沉淀，与人生的历练之后，才知道的谁是真正最后的赢家。当人们经历了一段时间的沉淀后，再回首往事的时候，才可能领悟老子说的"绝圣弃智，绝巧弃利"才是真正的大智慧！

第二十章

独异于人而归朴

原文

　　绝学无忧。唯之与阿，相去几何？善之与恶，相去若何？人之所畏，不可不畏。荒兮其未央哉！众人熙熙，如享太牢，如春登台。我独泊兮其未兆，如婴儿之未孩。儽儽兮若无所归。众人皆有馀，而我独若遗。我愚人之心也哉！沌沌兮！俗人昭昭，我独昏昏；俗人察察，我独闷闷。淡兮其若海，飂兮若无止。众人皆有以，而我独顽似鄙。我独异于人，而贵食母。

注释

绝学无忧。唯之与阿，相去几何？善之与恶，相去若何？人之所畏，不可不畏。

注：下篇（云），为学者日益，为道者日损。然则学求益所能，而进其智者也。若将无欲而足，何求于益？不知而中，何求于进？夫燕雀有匹，鸠鸽有仇；寒乡之民，必知旃裘。自然已足，益之则忧。故续凫之足，何异截鹤之胫；畏誉而进，何异畏刑？唯（诃）美恶，相去何若。故人之所畏，吾亦畏焉。未敢恃之以为用也。

按：王弼在这里举了一些自然界动物世界的例子来比喻。你看那个秃鹜，如果你觉得它的脚太短了，不好看不美观，把它拉长，这相当于你觉得那个丹顶鹤的脖子太长了，太丑了，于是把它截短一点，这样做违背了大自然的规律一模一样；这个例子其实是说自然界自有其规律，人不能够妄想，从而违背自然，做出荒唐的事情；因为你个人认为那是美的审美标准其实并不符合自然界动物的生存法则。这种所谓美丑、善恶的做法与真正的美丑善恶相去甚远。

荒兮其未央哉！

注：叹与俗相（反）之远也。

众人熙熙，如享太牢，如春登台。

注：众人迷于美进，惑于荣利，欲进心竞，故熙熙如享太牢，如春登台也。

我独泊兮其未兆，如婴儿之未孩。

注：言我廓然无形之可名，无兆之可举，如婴儿之未能孩也。

按：廓然，指空旷的样貌。

"孩"，借作"咳"。长沙马王堆3号汉墓出土帛书《老子》乙本经文正作"咳"字。《说文》："咳，小儿笑也。"

儽儽兮若无所归。

注：若无所宅。

众人皆有馀，而我独若遗。

注：众人无不有怀有志，盈溢胸心，故曰"皆有馀"也。我独廓然无为无欲，若遗失之也。

我愚人之心也哉！

注：绝愚之人，心无所别析，意无所（美恶），犹然其情不可见，我秃然若此也。

沌沌兮！

注：无所别析，不可为（名）。

俗人昭昭，

注：耀其光也。

我独昏昏；俗人察察，

注：分别别析也。

我独闷闷。澹兮其若海，

注：情不可见。

飂兮若无止。

注：无所系縶。

众人皆有以，

注：以，用也。皆欲有所施用也。

而我独顽似鄙。

注：无所欲为，闷闷昏昏，若无所识，故曰"顽且鄙"也。

我独异于人，而贵食母。

注：食母，生之本也。人（者）皆弃生民之本，贵末饰之华，故曰"我独异于人"。

按：这句话其实是讲：普通人们都爱追求华丽的表面而忘记了根本，弃生民之本，即舍本逐末，而老子正因为他知道了万事万物发生发展的根本，找到了常道，"复命曰常，归根曰静"（第十六章），所以他才会表现出与常人不一样。

解读与意译

老子在本章对"自我"做了一个描绘：一个自我自信、自知之明的老子。老子很清楚一个得道的高人，是与众不同的，是人们永远读不懂的。（以下文中的"我"指的是老子）

真正达到绝高的境界是没有忧愁的。因为所有的问题都会正确解读了。谦逊柔和的应诺与怠慢愤怒的呵斥相差有多远？善良与邪恶又相距多远？人们所畏惧的，不可以不畏惧，人们对天地的畏惧，对于法律的威严，对于种种规章制度，还得顺从。"荒兮其未央哉!",这些道理从古代到现代,从来都没有间断过。

众人熙熙攘攘,就像穿着华丽的衣服去参加一个盛大宴会,也像春天百花盛开,人们登上高台与山顶,去欣赏四面风景。得道的人却淡泊如水,就像什么都与他无关一样,如同婴儿一般还不知道很多常理,不知道因何欢喜,因何忧愁?

众人皆有所归,而我却飘荡无依;众人皆富足有余,我却空无一物;我恐怕是有一颗愚钝的心吧!众人皆明晓事理,而我却一无所知;众人皆严厉苛刻,我却纯朴宽厚。我的心里就象大海般波涛汹涌,又似凭风吹散,无处停留。众人皆有所长处,我却笨拙无能。但我与常人最大的不同就是悟出了"大道"。

财富管理与投资视角

在美国,巴菲特一直被认为是投资界的传奇,而巴菲特的住所和生活规律也是被别人所认为是传奇的,与众不同的。众所周知,全球投资界都汇集在美国最繁华的纽约市曼哈顿华尔街上,在那可以找到全世界最著名的投行企业以及他们的精英管理层,那里也汇聚了全球最全面的投资资讯以及投资社交圈;但是40多年来,巴菲特却从来没有住在那条繁华的华尔街。而是选择一直住在位于美国中部一个比较偏远的奥马哈小镇上。巴菲特不仅自己住在奥马哈小镇的法纳姆街上,而且他那个闻名世界的伟大的投资公司伯克希尔．哈撒韦的总部也在奥马哈，同样是远离喧嚣的华尔街。不仅巴菲特是这样，另外一位著名的投资家格罗斯先生也是如此。他们两个共同特点都不居住在华尔街，远离了这个世界金融市场的心脏，从而远离纽约曼哈顿下城那条著名的街道。根据德国作家汉诺．贝克的在《逆向投资心理学》一书中分析，正因为巴菲特这种生活习惯和个性，让他抵制住高科技股票的诱惑，躲避过美国历史上多次股灾，在美国成为传奇股神。

这与老子说"我独异于人"，似乎是同理。从投资心学去理解，我们应该学会独立思考，"俗人昭昭，我独昏昏；俗人察察，我独闷闷"，不盲从，与众不同才能够保持着良好的心态，坚定自己的投资理念，甘心寂寞，不为一时的市场偏差所动，才能取得长久的收益。

正如《道德经》智慧：抱元守一，如婴孩之纯朴。缘来惜缘，缘去不留，一切皆随顺自然。

第二十一章

惟道是从知众甫

原文

孔德之容，惟道是从。道之为物，惟恍惟惚。惚兮恍兮，其中有象；恍兮惚兮，其中有物。窈兮冥兮，其中有精；其精甚真，其中有信。自古及今，其名不去，以阅众甫。吾何以知众甫之状哉？以此。

解读

本章老子再一次描绘"道"是什么样子的？"道"的作用是什么？老子发现从古代至今天，"道"从来都没有离开过人。

并且以道心去观察世界，知晓宇宙间一切万物的初始状态及其运行规律。

　　大德的形态也是由"道"决定。"惟道是从"。因为"德"是我们看得见的，如人言辞、行为、态度之表象，但是"道"却是我们看不见，摸不着的。它好象总是恍恍惚惚、忽明忽暗，细细的一看好象有又好像没有。人们一会儿感觉到它可能存在，一会儿感觉到它又不存在，因为根本抓不住它。"道"是存在于"有"和"无"之间，"动"和"静"之间。"上"和"下"之间，"善"与"恶"之间，"正"与"邪"等等关系之间。"大道无形，生育天地；大道无情，运行日月；大道无名，长养万物。"出自《太上老君常说清静经》；在幽暗和深远之处，好像有精华的存在，而且这个精华又非常的真实，其中还蕴含着各种信验（类似现代科学所说的各种信息能量）。由此来观察推断出万物之初始状态。我（指老子）是怎么知道万物初始状态的，就是根据这个"道"。

注释

　　孔德之容，惟道是从

　　注：孔，空也。惟以空为德，然后乃能动作从道。

　　按：空、无，都是指"道"。只有明了虚空的境界，才能理解"道"从何来。

　　道之为物，惟恍惟惚。

注：恍惚，无形不系之叹。

按：虚空之物，自然无形而不可捉持，恍恍惚惚的感觉。

惚兮恍兮，其中有象；恍兮惚兮，其中有物。

注：以无形始物，不系成物，万物以始以成，而不知其所以然。

故曰"恍兮惚兮，其中有物；惚兮恍兮，其中有象"也。

窈兮冥兮，其中有精；

注：窈冥，深远之叹。深远不可得而见，然而万物由之。（不）可得见，以定其真，故曰"窈兮冥兮，其中有精"也。

其精甚真，其中有信。

信，信验也。物反窈冥，其精之极得，万物之性定，故曰"其精甚真，其中有信"也。

按：信，可以理解为今天所说的信息与能量。古往今来，某一地某一时，穿越时空之后都会存留一定的信息与能量场。

自古及今，其名不去。

注：至真之极，不可得名。无名，则是其名也。自古及今，无不由此而成，故曰"自古及今，其名不去"也。

按：在某一时空之中，信息能量是存在着的，并影响至今，所以"其名（信息）不去（不离去）"。

以阅众甫。

注：众甫，物之始也，以无名（阅）万物始也。

吾何以知众甫之状哉？以此。

　　注：此，上之所云也。言吾何以知万物之始于无哉？以此知之也。

财富管理与投资视角

　　在现代经济生活中，任何经济商业行为、财富管理与投资行为都会有各自的规律存在。这种规律可能是非常的微妙，但是它却始于宇宙运行的根源。我们学习老子的思想，对"道"进行深入理解，本能运用在当下，譬如在商业领域，名为"商道"。因为"道不远人"。这种道是起着作用的，但是一般情况下人们是看不见的，但是它又无时无刻不在起作用，它的能量又是巨大的，它的信息能造化影响着人们事业的成与败，所以投资做决策的时候，一定要注意把握住道的能量，用"道"的法则去指引做事。不能仅注重有形的一面而忽视无形的另一面，所谓阴阳平衡，才可能获得正能量，从而投资成功。记住"无之以为用，有之以为利"。

第二十二章

曲则全少得多惑

原文

曲则全，枉则直，洼则盈，敝则新，少则得，多则惑。是
以圣人抱一，为天下式。不自见故明，不自是故彰，不自伐故
有功，不自矜故长。夫唯不争，故天下莫能与之争。古之所谓
曲则全者，岂虚言哉！诚全而归之。

注释

曲则全，

注：不自见，其明（则）全也。

枉则直，

注：不自是，则其是彰也。

按：老子提示人们应从万事万物之相对立面去观察理解自然之法则，从而明白其中蕴含的深刻道理，为人处世之道也是如此："曲则全，枉则直"。

洼则盈，

注：不自伐，则其功有也。

按：老子在第九章说"功遂身退，天之道。"

敝则新，

注：不自矜，则其德长也。

少则得，多则惑。

注：自然之道，亦犹树也。转多转远其根，转少转得其本。多则远其真，故曰"惑"也。少则得其本，故曰"得"也。

是以圣人抱一，为天下式。

注：一，少之极也。式，犹则（之）也。

按：此处以"一"为天下万物之法则。"一"是指"道"，因为"道生一，一生二，二生三，三生万物。"

不自见，故明；不自是，故彰；不自伐，故有功；不自矜，故长。夫唯不争，故天下莫能与之争。古之所谓曲则全者，岂虚言哉！诚全而归之。

按："不"是否定之词，本章大量用"不"字去否定自私自我，从而达致"无我""无为"的境界，当问题来临的时候，反而可以全面妥善地解决问题。这也就是老子辩证思维的智慧。曲则全，岂虚言！

综述与解读

上一章描绘了什么是道？接下来老子又告诉我们得了道的圣人是如何处世为人的？得道人之智慧是"少则得，多则惑"。上善若水，不自见，不自是，不自伐，不自矜。柔软曲屈之道，则可全而归，此乃生存法则也，因为"曲则全"！其中道理很深，也非常重要。例如当一个人受了委屈，就和人对着干，硬碰硬往往没有好结果的。低洼便会使雨水充盈，陈旧便会更新，少取便会获得，贪多反而会迷惑。懂得绕行反而能安全抵达目的地。有道之人不自我表扬，反而显明；不自以为是，反能是非彰明；不自己夸耀，反而能得有功劳；不自我矜持，所以才能长久。正因为不与人争，所以遍天下没有人能与他争。古人云"委曲便会保全"并不是一句空话。

财富管理与投资视角

投资败因皆是人性的"贪婪和恐惧"，其实这里面隐藏着的是同一个问题两个面。"少则得，多则惑"。老子是让我们观察自然界的大树（或者我们去观察一片竹子林），树枝非常的繁茂，反而让人产生了一种迷糊困惑，看不清它到底是什么了，不知如何取舍了，而我们观察一下这棵树，从叶枝到树干，一直到根部由繁至简，由多到少，从而明了事物的根本。"是以圣人抱一，为天下式。"这样才不会只见树叶，不见森林，"一叶障目"永远是投资大忌！实际上很多投资者的障碍往往源于"小我""自私多欲"。此时必须想起老子的教诲："不自见，故明；不自是，故彰；不自伐，故有功；不自矜，故长。夫唯不争，故天下莫能与之争。"例如世界投资传奇人物巴菲特，他之所以能成功，能够抵制各种诱惑，因为四十多年来他始终能坚守自己的价值观，终于取得价值投资的长期盈利。

第二十三章

同道之乐信有焉

原文

希言自然。故飘风不终朝，骤雨不终日。孰为此者？天地。天地尚不能久，而况于人乎？故从事于道者，道者同于道，德者同于德，失者同于失。同于道者，道亦乐得之，同于德者，德亦乐得之；同于失者，失亦乐得之。信不足，焉有不信焉。

本章综述解读

上章老子告诉我们得道的人应该如何做才符合于道。那么这一章接着讲，在人群中如何处理彼此的关系，得道和失道结果是怎么样的？其实是告诫人们一定要注重修行道德，即"重积德，则无不克"，这其实就是做事业成功的方法。如何去克服贪婪欲望？必须守住内心道德底线，在修行的道路上，无论遭遇多少磨难与黑暗，坚信美好曙光一定会出现在黎明时分。信念定力无量，则前途光明无量！

直译通解

得道者言论比较稀少，而多落实在行动上，这是符合自然的。狂风刮不了整个早晨，暴雨也下不了一整天，天地的狂暴尚且不能长久的，更何况是人呢？天地法则是不会被人左右的，大自然是会根据万物的属性任其发展的。天地的言语一般人是听不懂也听不到的，因此人要用心去效法自然。

老子是通过"道、德、失、信"四个字来说明，人们是根据属性来分类的。比方说喜欢道的人，发现身边的人都是喜欢修道的人，喜欢德的人就发现身边都是有德行的人，而贪婪的人往往喜欢扎堆在一起，这种人群就离道就很远了。

人无信则不立，人没有了信用，就有"信不足"这种属性，就会自然被划分到"不被信任"的人群里面（失信者名单），那他就没有办法完成大业，因为得不到人们的信任。因此我们要与有道的人同行，与有德的人为伍，明白失道以后的后果，讲求诚信。人们常说的"物以类聚，人以群分"就是这个道理。

注释

希言自然。

注：听之不闻名曰希。下章（指第三十五章）言，道之出言，淡兮其无味也，视之不足见，听之不足闻。然则无味不足听之言，乃是自然之至言也。

故飘风不终朝，骤雨不终日。孰为此者？天地。天地尚不能久，而况于人乎？

注：言暴疾美与下长也。

按：此句原当作"言暴与不长也。"三十章王弼注："飘风不终朝，骤雨不终日，故暴兴必不道，早已也。"含义正与此相同。

故从事于道者，道者同于道，

注：从事，谓举动从事于道者也。道以无形无为成济万物，故从事于道者以无为为君，不言为教，绵绵若存，而物得其真。与道同体，故曰"同于道"。

德者同于德，

注：得，少也。少则得（第二十二章），故曰得也。行得则与得同体，故曰"同于得"也。

按：古文中"得"和"德"两字通用。下文讲失，所以用"得"与"失"相比较而言。

失者同于失。

注：失，累多也。累多则失，故曰"失"也。行失则与失

同体，故曰"同于失"也。

按：多则惑，惑则失也。祸莫大于不知足。

同于德者，德亦乐得之；同于失者，失亦乐得之。

注：言随其所（行），故同而应之。

信不足，焉有不信焉。

注：忠信不足于下，焉有不信焉。

投资视角

老子的第二十三章内容虽然简短，但是非常重要，对于现代经济学，投资学而言意义更加是重大。为什么有些投资者总是失败？贪欲所致也。为什么有些人一听说有极高回报的项目，不加分析，就去做了，结果往往一做就败光了！只要深思一下，很多时候根源就在于其做事根本不合乎道。在社会生活当中往往发现这些越失败的人往往越喜欢聚在一起，细看他们的信用记录，往往发现可能都是些失去信用的人。而这些人贪欲极强，其所凝聚的能量场也是那些有极强贪欲的人，津津乐道在一起，所以"失者同于失"，"同于失者，失亦乐得之。信不足，焉有不信焉。"这就给我们很大的启示，一定要远离这些失去信用的人。所以现在经济社会有一个失信者名录，如果不讲信用，现在大数据非常好！支付宝上还有一个信用分（马云老师曾笑谈评价这个可以作为未来谈恋爱找对象的标准分数），天眼查、企查查，马上可以查出来这个人是否为失信者名单，那么如果他是失信者名单之人就是失去信用的人，他经营的企业，他做的事业，恐怕很难做成功吧？被列入失信者名录，连高铁飞机票都买不到！我们必须要冷静思考，冷静观察，不要为眼前的某些好听的花言巧语所迷惑。一定要与同修道德的人们在一起，因为这种道德的能量场是巨大的，这会给你带来真正的财富，真正的幸福人生。"道者同于道，德者同于德""同于德者，德亦乐得之"，有道德能量场的人在一起，他们是快乐的，也乐于帮助喜欢修道德的人去成就幸福人生，成就财富自由的人生。在投资上，如果寻找到这样真正讲道德的企业，不要犹豫了，投资有道德的企业家，收获有道德的幸福人生。记住，投资永远是投资人！

第二十四章

四自不明，有道不处

原文

企者不立，跨者不行，自见者不明，自是者不彰，自伐者无功，自矜者不长。其在道也。曰馀食赘行。物或恶之，故有道者不处。

综述解读

"反者道之动。"老子总结了怎么样做人处世的"四不"原则：不自见、不自是、不自伐、不自矜。老子认为，做人不能太满，做事要留点余地。否则没有人喜欢你，因为"物或恶之"，人性中的自见、自是、自伐、自矜实际上都是自私，所以有道之人绝不这样做，他做事稳定而适度。在这里老子点亮了人生的智慧之明灯。

注释

企者不立，

注：物尚进则失安，故曰"企者不立"。

跨者不行，自见者不明，

注：不自见，则其明全也。

自是者不彰，

注：不自是，则其是彰也。

自伐者无功，

注：不自伐，则其功有也。

自矜者不长。

注：不自矜，则其德长也。

其在道也，曰馀食赘行。

注：其唯于道而论之，若卻至之行，盛馔之馀也。本虽美，更可蔵也。本虽有功而自伐之，故更为肬赘者也。

按：蔵，荒芜，引申为恶义。

物或恶之，故有道者不处。

直译

踮起脚尖，企图高人一等，想要站得更高一些，反而站不稳，因此我们要打好基础，扎好根，太过于急功近利，反而容易把事情做砸了。迈开大步想拼命往前跑，结果一下子没有后劲了，反而走得不远。老子这是告诉我们"欲速则不达"。我们不能只是讲究速度，而是要稳步前进，走好每一步。

自以为是的人反而得不到彰显。自以为是的程度太严重，别人的意见一点也听不进去，必将付出惨重的代价。如果自己认为自己什么都可以做得好，那别人也就无从帮助你，吃亏的还是自己。最困难的事不是"知人不易"，而是有自知之明。

自我夸耀的人很难建立起功勋。做了一点好事，就生怕别人不知道，这是"阳德"，功劳有限；不吱声，去行善，是"阴德"行阴德必有大福报，增德增寿增福报。所以"不自是、不自矜、不自见、不自伐"是符合道的做法。自以为是，自高自大，自吹自擂，自以为了不起，这都不是有道之人的行为。

财富管理与投资视角

第二十四章共七句话，却用了六个否定词"不"（此章中"无"等同否定之义）。而且与二十二章末句强调内容相同，说明老子一而再再而三而想告诫世人，不谦虚不行；太自以为是不行；太自作聪明不行。这在投资行为上有很重要的参考价值。一个人的主观行为往往会有偏差，兼听则明。老子很讲究辨证思维，既有其坚持的一面，如"我独昏昏、我独闷闷、我独顽似鄙、我独异于人"，这在心理学上称不"盲从"行为。另一方面，老子又很清醒"自见者不明、自是者不彰、自矜者不长"。因为他知道"企者不立"，凡事都有度，就像吃饭一样，既要吃好，又不能太过饱，否则对身体健康会造成伤害！投资的度也如此，一定要注意把握好。多与少，大与小，适合就好！

第二十五章

道法自然，周行不殆

原文

有物混成，先天地生，寂兮寥兮，独立不改，周行而不殆，可以为天下母。吾不知其名，字之曰道，强为之名曰大。大曰逝，逝曰远，远曰反。故道大，天大，地大，王亦大。域中有四大，而王居其一焉。人法地，地法天，天法道，道法自然。

直译

宇宙之间有个东西，它是相互混沌而成，形成时混沌不清，而在天地存在之前就有了，这个东西，就是宇宙万物的本源。

你看不到它的形象，也听不到的声音，它是多么的寂静和悠远，它不受外物的影响且始终如一的存在，它永不停歇，却无穷无尽。因为天地万物都是由它而生的，可以把它比喻为天地万物的母亲。我（指老子）不知道这个东西是什么，因为它没有任何的属性，我就用"道"这个字给它个命名，然后再勉强给它个名字，叫做"大"。因为它大到无穷尽，而且一直运行不息。它伸展到非常遥远的地方，最后还是返回到它的本源和出发点。在宇宙万物中，道、天、地、人四个是最大的东西。当人和天、地、道合一的时候，他就可以发挥出天地道的巨大作用。人要想在这个地球上生存，与大自然和平共处，就必须要遵从地球的法则，这是自然而然的规律。

注释

有物混成，先天地生。

注：混然不可得而知，而万物由之以成，故曰"混成"也，不知其谁之子，故曰先天地生。

寂兮寥兮，独立不改，

注：寂寥，无形体也。无物（匹之），故曰"独立"也。返化终始，不失其常，故曰"不改"也。

按：举个例子：比如太阳，每天早上从东方升起，然后运行傍晚在西方落下；第二天黎明又从东方升起，无论春夏秋冬，周而复始，世界没有任何力量可以阻止它，改变它，所以独立不改。

周行而不殆，可以为天下母。

注：周行无所不至而（不危）殆，能生全大形也，故可以为天下母也。

按：在宇宙恍恍惚惚，混混沌沌之中有这样的一个东西。不知道从哪里来的，它永远都在周而复始的运动着。生长并起着作用，但没有形状，看不见摸不到，但是它却无所不在地起着作用，"独立不改、周行不殆"地影响并生发出世间万事万物。老子为了让人们更容量理解它，就把它喻为母性。

吾不知其名，

注：名以定形。混成无形，不可得而定，故曰"不知其名"也。

按：如果给它一个名字，它就会有具体的物象，人可具体的触摸到的。而实际上它并不是有形之物，怎么能给它定名字呢？

强为之名曰大。

注：吾所以字之曰道者，取其可言之称为最大也。责其字定之所由，则系于大。（夫）有系则必有分，有分则失其极矣，故曰"强为之名曰大"。

按：我（指老子）之所以要给"道"起一个名字，因为它可以是世界上最大乃至于无穷大的东西，包罗万象。所以勉强称呼它为"大"。

大曰逝，

注：逝，行也。不守一大体而已，周行无所不至，故曰"逝"也。

按：它不仅形大，最重要的是它可以运行，它是可以运动起来"周行无所不至"。这种运动称为"逝"。

逝曰远，远曰反。

注：远，极也。周（行）无所不穷极，不偏于一逝，故曰"远"也。不随于所适，其体独立，故曰"反"也。

按：它运行起来可以行至很遥远的地方，甚至可以穿越古今，然后又会循环返回来。

《道德经》就是这么一部有趣的经典书籍，你可以从远古开始思考，获得智慧再联想到当代现实生活来运用。同时你可以读完全书的八十一章之后又再返回第一章，循环往复的去阅读，反复去领悟，其中的奥妙就在这个循环往复之间，因为这就是"道"。"道"好像是遥远的，可以反复思考，反复琢磨，反复演绎，生生不息。

故道大，天大，地大，王亦大。

注：天地之性人为贵，而王是人之主也，虽不职大，亦复为大。与三匹，故曰"王亦大"也。

域中有四大，

注：四大，道、天、地、王也。凡物有称有名，则非其极也。言道则有所由，有所由，然后谓之道，然则（道是）称

中之大也。不若无称之大也。无称不可得而名，（故）曰域也。道、天、地、王皆在乎无称之内，故曰"域中有四大"者也。

　　而王居其一焉。

　　注：处人主之大也。

　　人法地，地法天，天法道，道法自然。

　　注：法，谓法则也。人不违地，乃得全安，法地也。地不违天，乃得全载，法天也。天不违道，乃得全覆，法道也。道不违自然，乃得其性，（法自然也）。法自然者，在方而法方，在圆而法圆，于自然无所违也。

　　按：老子的"为无为"哲学的逻辑基础源于此处。中国人讲究"敬天爱人"思想也源于此。

　　注：自然者，无称之言，穷极之辞也。用智不及无知，

　　按：智，此处指的是百姓的奸诈智巧。

　　注：而形魄不及精象，

　　按："形魄"指地，"精象"指天。《周易系辞上》："形乃谓之器"；"见乃谓之象"。所以人们俗称：地形，天象。

　　注：精象不及无形，

　　按："无形"指的是"道"。

　　注：有仪不及无仪，

　　按："有仪"指天地万物，"无仪"指自然。

　　注：故转相法也。道（法）自然，天故资焉。天法于道，地故则焉。地法于天，人故象焉。（王）所以为主，其（主）

之者也。

按：人须效法天地自然，治国则才能长治久安。养生则可以长生，没身不殆。

财富管理与投资视角

第二十五章老子重点阐述什么是"道"？道是如何作用于万物？"独立不改，周行而不殆"。最后阐明了道与天地人之间的关系；提出了一个非常重要的观点即"人法地，地法天，天法道，道法自然"。这种逻辑关系就是一种永恒不变的法则。所以在中国传统文化中，始终把"天、地、人"三者，并列称之为三才，做任何事情都要讲究"天时、地利、人和"。在现代经济社会中，对于一个企业的而言，人的作用是非常重要的，人才是任何一个企业发展的核心动力和真正源泉，是企业最核心的因素。企业的经营和亏损并不可怕，真正可怕是企业中的人心涣散，人才流失，士气低落，这种无形资产的损失远非金钱所能够衡量的，也非金钱所能够挽回的，因此人是整个企业的核心生命所在。所以从投资角度看，如果你想要投资一家企业，其实就是投资这家企业的创始人（包括实际管理人）。投资正确的人，才可能投资正确的企业，投资正确的人，才可能让投资带来正收益。例如当年孙正义投资阿里的创始人马云。

财富管理中，财富当然也是由人去管理。这样的人才称为"财富管理专家"。大家都知道："你不理财，财不理你。"在财富管理的过程中，人的要素是至关重要的，如何控制与平衡好人的欲望与贪婪或许就是投资成败的关键。这里面存在着"道"，因为它"寂兮寥兮，独立不改"。它的作用力无穷大，"周行无所不至"（王弼注）。

第二十六章

静定生慧，燕处超然

原文

重为轻根，静为躁君，是以圣人终日行不离辎重。虽有荣观，燕处超然，奈何万乘之主，而以身轻天下？轻则失本，躁则失君。

综述解读

第二十五章讲什么是道？天地人合一成道的意义何在？这是从宏观层面讲道；接着第二十六章老子从微观层面讲，分析了厚重与轻浮，静定与急躁之间的关系。指出治国（做大事）

不可失本，管理者、领导人切不可急躁。

注释

重为轻根，静为躁君。

注：凡物，轻不能载重，小不能镇大。不行者使行，不动者制动。是以重必为轻根，静必为躁君也。

按：《周易恒卦上六爻辞》王弼注：夫静为躁君，安为动主。故安者，上之所处也；静者，可久之道也。老子告诉世人，凡矛盾双方都会有主次，主要矛盾决定次要矛盾。主要矛盾制约着次要矛盾。抓住了主要矛盾就能够解决复杂的问题。（源于毛泽东《矛盾论》"研究任何过程，如果是存在两个以上矛盾的复杂过程的话，就要用全力去找出它的主要矛盾。捉住了这个主要矛盾，一切问题就迎刃而解了。"——毛泽东1937年8月）

是以圣人终日行不离辎重。

注：以重为本，故不离。

按：抓住了矛盾的核心与根本是解决问题的根本方法。

虽有荣观，燕处超然，

注：不以经心也。

按：这是圣人的静定之力，心静不为外物影响。

奈何万乘之主，而以身轻天下？

按：国君、伟大事业、企业的领导人、管理者身上责任重大，怎么能轻率处事呢？

轻则失本，躁则失君。

注：轻不镇重也。失本，为丧身也。失君，为失君位也。

按：失去立身立业之根本，称丧身，丧身者必败。君位，领导地位也。失去领导地位，就是失去了掌控一切的能力。

财富管理与投资视角

投资是心理学，管理亦是心理学。老子讲了一个故事，君子外出，虽然有各种美食，美景吸引着他，而他的心态却安然而洒脱，不会被外在的物质东西所迷惑而心生留恋。"虽有荣观，燕处超然。"在投资的路上一定会有很多诱惑，有很多听起来非常高大上，收益非常高的项目。此时一定要警惕。不能为花言巧语所迷惑，要冷静。因为老子告诉任何一个大国的君主，要想把事业做大，如果心态轻率而躁动，怎么可能治理天下？"轻则失本，躁则失君"。因为太过于轻浮了，就会失掉根本；太过急躁了，就会失去对大事业、大局面的一切掌控。看股市风云起起伏伏，虽有荣观，安能燕处超然？所以有道之人"终日行不离辎重"，这个辎重其实就指"道"，"德性"就体现在"保重"（例如财务节制）的智慧之上！

财富管理看似复杂，而抓住了主要矛盾，一切问题就可以迎刃而解。财富要增值，核心在复利。这就需要人们理性地管理家庭财务的支出开销。开源节流，节俭持家守德方能承载更大财富。这就是财产"保重"，不可轻浮消费。在财富复利管理过程中，要严格执行财务原则，此过程中"虽有荣观，燕处超然"，虽然有各种各样的投资诱惑，有各种各样的私人享乐欲望，都必须节制，超然处之，等待数年之后复利的成功。正如华尔街教父、证券分析之父，沃顿.巴菲特的老师格雷厄姆说，"即使是理性投资者，也需要很强的意志力，防止自己的从众行为。"

第二十七章

善人要妙

原文

善行无辙迹，善言无瑕谪，善数不用筹策，善闭无关楗而不可开。善结无绳约而不可解。是以圣人常善救人，故无弃人。常善救物，故无弃物，是谓袭明。故善人者，不善人之师；不善人者，善人之资。不贵其师，不爱其资，虽智大迷，是谓要妙。

直译

善于做事的人，就像船经过水面不会留下痕迹，而不善于做事的人常常留下一大堆的后遗症。老子说善言不是鼓励人说话，而是能够谨慎的说话，不会遗留下别人指责的诟病。

一个很会计算的人，他不用工具也能算清楚。善于锁门的人也不用栓钉工具别人也打不开。善于捆绑扎绳的人，不用绳索或者扣子，别人也不能解开。

圣人经常救人，不会动不动就抛弃别人，在他眼里面大家都是一样的。圣人常用道法的语言去度化人，让人转向慈悲喜舍。只要机缘成熟，他都会出来帮助你。圣人善于物尽其用，不会把闲置的或者没有用的东西扔掉，在他眼里面无废物，圣人没有善恶好坏，待人没有高低贵贱，这是隐蔽着的智慧。

善人和不善人各有其作用，善人是在潜移默化之间把知识灌输给不善良的人。不善良的人是善人的镜子，让善良的人看清楚了，为什么不善良的人有那么多的不顺利，从而告诫自己不要走向反面，即不为善。所以不尊重像老师一样的圣人，或者不教化那些不善之人都是糊涂的行为。不尊重他的老师，也不尊重值得作为借鉴的历史，自以为聪明实则糊涂，这其中必然隐藏着高深玄妙的道理。

注释

善行无辙迹，

注：顺自然而行，不造不（施），故物得至，而无辙迹也。

善言无瑕谪，

注：顺物之性，不别不析，故无瑕谪可得其门也。

按：瑕，疵过。谪，谴责。

善数不用筹策，

注：因物之数，不假形也。

按：筹策，古代一种计数用的竹签。这里是说善于数术的人是用内心去测算，而不使用外在的有形工具。

善闭无关楗而不可开。善结无绳约而不可解。

注：因物自然，不设不施，故不用关楗、绳约，而不可开解也。此五者，皆言不造不施，因物之性，不以形制物也。

按：五者指行、言、数、闭、结。这些日常行为如果都因循其自然规律之物性，不用有形去强制拘束它们，反而是很好的解决了问题。此论点反映出老子核心价值观"无为而治"；无为即是善。

是以圣人常善救人，故无弃人，

注：圣人不立形名以检于物，不造进向以殊弃不肖。

按："向"字疑为"尚"字之误。"进尚"即"进其智"之意。三十八章王弼注"载之以大道，镇之以无名，则物无所尚。"所以此句意为："不设智慧、贤能以为分别，而弃其不肖之人。"换言之，圣人没有分别心，正如孔子说有教无类。

注：辅万物之自然而不为始，故曰"无弃人"也。不尚贤能，则民不争；不贵难得之货，则民不为盗；不见可欲，则民心不乱。常使民心无欲无惑，则无弃人也。

常善救物，故无弃物，是谓袭明。故善人者，不善人之师。

注：举善以（师齐）不善，故谓之师矣。

不善人者，善人之资。

注：资，取也。善人以善齐不善，（不）以善弃不善也，故不善人，善人之所取也。

不贵其师，不爱其资，虽智大迷，

注：虽有其智，自任其智。不因物，于其道必失，故曰"虽智大迷"。

按：自以为自己很聪明的人。必然迷失自我，遇到"道"却不尊重，终将会失去大福大贵。

是谓要妙。

按：老子将这一个尊重老师的秘诀，称之为最大的奥妙。

本章综述

本章老子对自然无为的"善"做了一个非常详细的比喻，老子用"善行、善言、善数、善闭、善结"来做喻指，说明人如果精于擅长在某处，符合于自然，根本不必花大力气，就可能取得很好的效果，而且无可挑剔。这是一种很高的境界。同时也是做圣人的一种非常高深玄妙的智慧。

财富管理与投资视角

二十七章出现了十一个"善"字，可见老子是让我们反复的体会与思考一个问题：什么才是善？在经济生活中我们要善于管理财富，善于投资，同时人的一生中要善于做人，善于做事，善于学习，善于应对一切的困难和挫折；最重要的一点还要善于尊重老师！这是获取智慧的最重要的奥妙所在。

从投资学角度来看，这里面有三层智慧，一层是善谋；二层是善鉴；三层是尊师。

首先，善谋方成大业，因为商道畴谋，"善数不用筹策"。这是用心算，用心去悟才能明白的道理。谋大局方可以成大业。投资与财富管理更多的是谋略层面的。这要求投资者必须具备金融思维。这种思维是超越于实体思维之上的虚拟思维；从更宏观的更上层的角度去理解和思考虚拟经济。

其次，善于借鉴别人成败之经验方可为己所用。不要有分别心，"是以圣人常善救人，故无弃人。"这需要定力，禅定而后善谋。有忍力，方可借鉴。

最后，尊师是获取智慧之最重要的妙招。"不贵其师，不爱其资，虽智大迷，是谓要妙。"孔子也说"三人行必有我师。"禅宗有个故事：传说少年慧能去修行的时候，获取了老师的衣钵真传，老师在江边送别慧能的时候，老师跟他说："我用船渡你过到江对岸吧！"慧能这时候对老师磕了三个头，然后道别说："我过去没有智慧也没有能力，今天得到老师的帮助，我现在已经获取了老师开悟，明了禅机大慧，我应该自己去帮助我自己。"说完后慧能坐上船，自己摆渡过河。这就是《六祖坛经》记录的六祖慧能与五祖弘忍的著名对话："迷时师渡，悟了自渡，度名虽一，用处不同，慧能生在边方，语音不正，蒙师付法，今已得悟，只合自性自度。"

第二十八章

知白守黑复归朴

原文

知其雄，守其雌，为天下豁。为天下豁，常德不离，复归于婴儿。知其白，守其黑，为天下式。为天下式，常德不忒，复归于无极。知其荣，守其辱，为天下谷。为天下谷，常德乃足，复归于朴。朴散则为器，圣人用之为官长。故大制不割。

综述解读

老子本章用了三个"知""守"，三个"复归"来阐述得道之圣人的思维模式，告知我们这其中蕴藏着大智慧，因为"反者道之动"，逆向思维是一种大智慧。所以二十八章很重要，悟得智慧，万事皆可通达成功。

解读

人们常常觉得光明、强大、荣耀是好的，但是得了道的人却主动守住柔弱，暗昧和屈辱，使自己始终保持合乎道的自然状态，即"婴儿""无极"和"朴实"的状态。保持"常德"，即懂得"雄""白""荣"，又要住"雌""黑""辱"。

"知雄守雌"是指，人要强大，首先要守住柔弱，甘心作为天下的沟溪，当人能够如溪水般柔和涓细，似婴儿般纯真无邪无忧无虑的状态，其德才会长久，这样做才符合道。

"知白守黑"是指，人要得到光明，首先要守住暗昧和谦卑，能够在黑暗中进行探索，成为天下的探路者。当成为天下人典范的时候，德才不会有所偏差。

"知荣守辱"是指，人要得到荣耀和尊贵，就要守住卑贱和谦卑的态度，甘心成为大山中者最低洼的溪谷。只有这样虚怀若谷，永恒的德性才能得到圆满，回归到本来真朴的状态，即道的自然状态。

"形而上者"谓之道，"形而下者"谓之器。有道的人上通无形的道，下达有形的器。得道的圣人发挥他的潜能，就能成为百官之长。治理大事不可以分割得太清楚，同理，一个符合大道的体制和治理方法也是自然而成的。

注释

知其雄，守其雌，为天下谿。为天下谿，常德不离，复归于婴儿。

注：雄，先之属。雌，后之属也。知为天下之先（者）必后也。是以圣人后其身而身先也。谿不求物，而物自归之。婴儿不用智，而合自然之智。

按：谿，与"谷"同义。指的地势低洼之处，水自然流归之。所以说"谿不求物，而物自归之。"此处释义参考第四章"道冲而用之或不盈"。

知其白，守其黑，为天下式。

注：式，模则也。

为天下式，常德不忒，

忒，差也。

复归于无极。

注：不可穷也。

按：无极生太极，太极生两仪，两仪生四象，四象生八卦；从而开始无穷无尽的生发。所以说"不可穷也"。

知其荣，守其辱，为天下谷。为天下谷，常德乃足，复归于朴。

注：此三者，言常反终，后乃德全其所处也。下章云，反者道之动也。功不可取，常处其母也。

按：此句意是，不可有为、身先，不可求仁、仪、礼、敬之功（形式而矣），而要常守于无为之母（道之根本也）。这样才能全而足，复归于"婴儿"、"无极"、"朴"之状。

朴散则为器，圣人用之则为官长。

注：朴，真也。真散则百行出，殊类生，若器也。圣人因其分散，故为之立官长。

按：百行，指众多道德品行。殊类，泛指各种事物。器，《周易系辞上》"形乃谓之器"。这句话可以理解成为如果懂得把"道"运用起来，掌握了道的智慧，它就可以转化成形，成就世间万事万物；包括从政为官首长之道。

以善为师，不善为资，移风易俗，复使归一也。（参考第二十七章经文"故善人者，不善人之师；不善人者，善人之资。"）

故大制不割。

注：大制者，以天下之心为心，故无割也。

按：大，指道。二十五章说"强为之名曰大"。制，《说文》注："裁也"。大制，此句意指用道来制约着万物，道制万物即适应万物自然之性，所以"以天下之心为心"，顺物施化，不必而成，故为"大制"。"不割"，不以小害大，不以末丧本，不执有为，自然无为而成，故"无割"。

投资视角

"知雄守雌、知白守黑、知荣守辱。"这在投资心理学上太重要了！从矛盾的双方去理解一个事物，这是辩证法。在投资的路上要知道什么是最重要的，守住你的底线。坚持长期主义，才能够成功。只有"知白守黑"才能让人保持清醒的头脑。这就是一种投资智慧，这需要有极强的定力。如何做到有定力，就必须要"复归于无极"，"复归于朴"。真朴乃大道之境界也！圣人用之则王；投资者用之亦可以成功。

第二十九章

为者败之，执者失之

原文

将欲取天下而为之，吾见其不得已，天下神器，不可为也，为者败之，执者失之。故物或行或随，或嘘或吹，或强或羸，或挫或隳，是以圣人去甚，去奢，去泰。

解读

本章中老子再次强调了无为而治的意义。老子认为天下的臣民，不是随便可以据为己有的，更不是可以按照自己的意愿驱使的。企图凭借一已之力治理天下人，终将失败。企图收归天下臣民为己用的人，也终将丧失民心。

如果一个人需要治理、管理一个非常大的组织，甚至是一个国家，他如果用强制性的措施去管制，最终必将事与愿违。当制度太苛刻，人的本性被压抑了，当人们压抑本性且时时担惊受怕时，就不敢创新、不敢承担。因此圣人治理天下，基本不会凭借主观的意愿或者强制性的政策支配大家，反而天下因此太平。

每一个人的脾气和秉性不一样，思想追求也不一样。世间的人，有的人性格柔和的，有的人性格刚烈急躁，有的人激进前行，有的人喜欢跟随，有的完全落后跟不上，有的强壮，有的羸弱，有的喜欢安居乐业，有的喜欢冒险，因此无为而治才能让人自由发挥。

当一个人做事过于极端，必将有大的凶险，因为管理过头了，也会带来灾祸。老子反复强调，管理者应当顺应自然，去掉骄横跋扈的习性。

注释

将欲取天下而为之，吾见其不得已，天下神器，

注：神，无形无方也。器，合成也。无形以合，故谓之神器。

不可为也。为者败之，执者失之。

注：万物以自然为性，故可因而不可为也，可通而不可执

也。物有常性，而造为之，故必败也。物有往来，而执之，故必失矣。

按：这说明"无为"的重要性。老子讲"无为"是要人们顺应自然之天性，不可以太过于偏执个人的意愿去强行扭曲事物的本来所具备的规律，强行的加于事物之上，必然出现灾祸。2022 年 8 月 13 日四川省彭州龙槽沟山洪爆发的悲剧，就是大自然警告人类的真实案例！人类应当学会老老实实去敬畏天地。

故物或行或随，或歔或吹，或强或羸，或挫或隳。是以圣人去甚、去奢，去泰。

注：凡此诸或，言物事逆顺反覆，不施为执割也。圣人达自然之（性），畅万物之情，故因而不为，顺而不施。除其所以迷，去其所惑，故心不乱而物性自得之也。

按："除迷"、"去惑"，因"众人迷于美进，惑于荣利"。（第二十章）疏：羸：瘦弱、虚弱之意。隳：毁灭，失败之意。"挫"字，另版作"载"字。（参见《老子释读》/任继愈著）。另："或挫或隳"，四字在马王堆汉墓帛书甲本：原文为或杯（培）或椭（堕）。

唯有心不乱，方可以成就大业，这是圣人之治的玄妙境界。

财富管理与投资视角

"为者败之，执者失之。"在现代投资领域如何去理解和运用这种智慧呢？现代的一些刚刚起步的中小微企业一旦获得一些小成功之后，管理者往往就开始仿照大企业，增设各种部门，各种配置导致效率低下，这种创业有可能中途就夭折了。一般来讲企业规模越大管理层级越多，在一定情况下管理层级越多所需要的人越多，那么企业运行成本越高。事实上现代企业的运行管理层级越少越好，叫做扁平化管理，最有利于提高效率。一个企业要想驶入健康发展的快车道，也必须把有限的资源配置在最重要的战略位置上，让它得到最大的利用，获得最大的效能。投资学上经常有人说"不要把所有鸡蛋放在一个篮子里面"。这句话千万不能片面理解，生硬照搬，以为这就是真理，必须要结合每一个投资者实情，尤其是在资源非常有限的情况下，盲目的使用这一招，其实是没有用的，换言之，就是没有什么投资收益的，必须要集中所有的优势资源，作最有效的资源配置，作最重要的战略布局。在战争上叫集中优势兵力，击破敌军薄弱环节，方能以少胜多。在上世纪中国抗日战争时期，中国共产党领导下的八路军（被称为小米加步枪，甚至步枪都没有，只有大刀加长矛的土八路）就是这样战胜军事实力强大的侵华日军的。管理学上说做最重要的事才能获得最大的效率。这是"田忌赛马"，是一种谋局。当布局是正确的时候，投资才可能获得真正的最高收益。当投资经营上了一定规模以后，才考虑另外一个阶段的布局与战术。正如老子说"是以圣人去甚、去奢，去泰"。

投资案例：2005 年，张磊回到了中国，他拿着恩师的 2000 万美元，成立了高瓴资本，不久后又追加了 1000 万美元。但是对于一家私募基金来说，这些钱并不算多，张磊决定把鸡蛋放在一个篮子里，博取利益最大化。他开始在市场找一些项目，进行实地考察，最后看上了刚刚在香港上市的腾讯，于是把大部分资金押在了腾讯上。而这笔投资成功地给他带来了 200 倍的收益！成为一家拥有 600 亿美元资产的大公司。从此张磊的高瓴资本一战成名。

第三十章

物壮则老

原文

以道佐人主者，不以兵强天下，其事好还。师之所处，荆棘生焉。大军之后，必有凶年。善有果而已，不敢以取强。果而勿矜，果而勿伐，果而勿骄，果而不得已，果而勿强。物壮则老，是为不道，不道早已。

注释

以道佐人主者，不以兵强天下。

注：以道佐人主，尚不可以兵强于天下，况人主躬于道

者乎？

按：躬于道者，指身体力行于道者。因为道者是不主张发动战争的，是以"无为"而治天下。人主，此处指君主；延伸泛指一切管理者。

其事好还。

注：为（治）者务欲立功生事，而有道者务欲还反无为，故云"其事好还"也。

师之所处，荆棘生焉。大军之后，必有凶年。

注：言师凶害之物也。无有所济，必有所伤，贼害人民，残荒田亩，故曰"荆棘生焉"

按：师，军旅。此处指战争。

善有果而已，不敢以取强。

注：果，犹济也。言善用师者，趣以济难而已矣，不以兵力取强于天下也。

果而勿矜，果而勿伐，果而勿骄，

注：吾不以师道为尚，不得已而用，何矜骄之有也。

果而不得已，果而勿强。

注：言用兵虽趣功（果）济难，然时故不得已（后）用者，但当以除暴乱，不遂用果以为强也。

物壮则老，是谓不道，不道早已。

注：壮，武力暴兴，喻以兵强于天下者也。飘风不终朝，骤雨不终日，（见二十三章）故暴兴必不道，早已也。

解读

有道的人是怎么样去辅佐君王呢？他们绝不用兵力强去取得天下。老子认为要保证国家安全，可以发展军事力量，拥有军队和武器，但同时也提出了一个"国之利器不可以示人"的观点。因为战争的后果是毁灭性的，哪怕拥有最先进的武器，也不可以轻易发动战争。战争事实上并没什么好处，是不得已为止，主动发动战争都会遭到灾祸，战争是残酷的，大战之后一片荒凉。

用兵之道要讲究一个合理的度，只要能够保全自身救济危难就够了，不可以用兵力强霸天下，即使战胜绝不夸耀自己，绝不骄横跋扈，必须懂得见好就收，骄傲是兵家之大忌，骄兵必败。

任何事情都要知道见好就收。事物太强大了就必然开始败落，正如人到壮年之后就开始衰老的道理一样，因为事物一旦太过强大就不符合"道"，自然就很快会消亡。

财富管理与投资视角

从管理学上看，本章是讲团结合作，不以恶性竞争为目标的道理。财富管理亦同此理。财如利器。"国之利器不可以示人"，故财不外露。在市场上，财大气粗，以财压人，发动资本战争，追涨杀跌，"大军之后，必有凶年。"这恐怕会导致财富出现凶兆。最后从投资心理学上看："物壮则老"，这实际是一种投资心理学，也是风险投资学的范畴。"致虚极，守静笃"，戒除贪婪之心才可能获得这种大智慧，一定要明白"物壮则老"，这是一种自然规律，同样存在于投资领域。特别是股市，风云变化无常，就像每日股价起起伏伏，跌跌涨涨是常态，还是奉劝小微投资散户们见好就收吧！记住老子忠告"物壮则老，是谓不道，不道早已"。

第三十一章

恬淡为上，胜而不美

原文

夫佳兵者，不祥之器。物或恶之，故有道者不处。君子居则贵左，用兵则贵右。兵者，不祥之器，非君子之器。不得已而用之，恬淡为上。胜而不美，而美之者，是乐杀人。夫乐杀人者，则不可以得志于天下矣。吉事尚左，凶事尚右。偏将军居左，上将军居右，言以丧礼处之。杀人之众，以哀悲泣之。战胜，以丧礼处之。

解读

兵器是不祥的东西，人们都厌恶它，所以有"道"的人不使用它。君子之间以左为尊，而在军队中是以右为尊，这说明行兵打仗并非顺应天道，而是不得已为之。打了胜仗也不要自鸣得意，如果自以为了不起，那就同喜好杀人无异。凡是喜欢杀人的人，就不可能得天下。吉庆的事情以左边为上，而凶丧的事情的以右方为上，偏将军居左边，上将军后于右边，这就是说打仗和办理丧礼这类代表灾祸的事是一样的。战争中杀人众多，要用哀痛的心情面对，打了胜仗，也要以丧礼的仪式去对待战死的人。

财富管理与投资视角

"兵者，不祥之器"。老子是反战主义者。战争有悖于大道，要尽量避免战争，和平的解决方式才是最好的。因此在现代经济生活中与竞争对手之间，也要尽量避免争端，要善于运用智慧、实现企业间的"共赢"。

"恬淡为上"体现出一种平和心境。在投资上每一步都类似在打一场没有硝烟的战场，其实在投资上最忌讳的是骄傲自满、骄横跋扈，俗话说"骄兵必败"，所以投资心态最重要，即要保持"恬淡为上，胜而不美。"

注释

此章疑非老子之作也。故王弼无此章节注文。见宋代董思靖《道德真经集解》晁说之《王弼道德经注》题跋曰："弼知'佳兵者，不祥之器'至于'战胜，以丧礼处之'非老子之言；乃不知'常善救人，故无弃人；常善救物，故无弃物'独得诸河上公，而古本无有也。"

所以本书以下采用《河上公章句》注释。

夫佳兵者，不祥之器。

注：祥，善也。兵者，惊精神，浊和气，不善人之器也，不当修饰之。

物或恶之，

注：兵动则有所害，故万物无有不恶之。

故有道者不处。

注：有道之人，不处其国。

君子居则贵左，

注：贵柔弱也。

用兵则贵右。

注：贵刚强也。此言兵道与君子道反，所贵者异也。

兵者，不祥之器，

注：兵革者，不善之器也。

非君子之器，

注：非君子所贵重器也。

不得已而用之，

注：谓遭衰逆乱，祸欲加万民，乃用之以自守。

恬淡为上。

注：不贪土地，利人财宝。

胜而不美，

注：虽得胜，而不以为利已也。

而美之者，是乐杀人。

注：美得胜者，是为喜乐杀人者也。

夫乐杀人者，则不可以得志于天下矣。

注：为人君而乐杀人，此不可使得志于天下，为人主必专制人命，妄行刑诛。

吉事尚左，

注：左，生位也。

凶事尚右。

注：阴道杀人。

偏将军居左，

注：偏将军卑而居阳者，以其不专杀也。

上将军居右，

注：上将军尊而居右者，言其主杀也。

言以丧礼处之。

注：上将军于右，丧礼尚右，死人贵阴也。

杀人之众，以悲哀泣之，

注：伤己德薄，不能以道化人，而害无辜之民。

战胜以丧礼处之。

注：古者战胜将军居丧礼之位，素服而哭之，明君子贵德而贱兵，不得已诛不祥，心不乐之，比于丧也。知后世用兵不已，故悲痛之。

第三十二章

道常无名，知止不殆

原文

道常，无名，朴；虽小，天下莫能臣也。侯王若能守之，万物将自宾。天地相合，以降甘露，民莫之令而自均。始制有名，名亦既有，夫亦将知止，知止可以不殆。譬道之在天下，犹川谷之于江海。

直译

"道"从来恒常无名而质朴。它小到肉眼看不见，大到没有边际，它虽然那么微小，但它却是天下的本源，没有任何事物可以使"道"臣服。

侯王若能守"道"治理天下，百姓们将会自然而然的归从于他，万物也会为他所用。天地之间如果是阴阳调和，人们就不必强求，也会自然降下甘露，使万物蓬勃生长。

如果要管理天下，就要这样的一种管理制度，制定各种名分和奖赏惩罚，任命各级官员。但是这种制约和管理也要适可而止，这才是符合"道"的。知止，可以用其无穷。"道"存在于天下，就像江海，一切河川溪水最终都会流归于它。

财富管理与投资视角

老子在第三十二章，再一次将"道"的智慧做了一个非常重要的阐述，讲出了"道"的价值。这个大智慧对于现代经济生活中人们的财富管理与投资；以及企业的经营与管理，都具有非常深刻的意义与重要的价值。

要明白"道、无、朴，虽小，天下莫能臣也"的意义。要明了天地阴阳平衡的关系，其中有玄妙，道理很深！明白了这个道理。"夫亦将知止，知止可以不殆。"通俗的讲叫适可而止，这是投资人最应当具备的投资心理。这种心学源自于对道的理解，进而产生的无穷的能量，它能让心止如水；拥有超强的静定之力。它可以面对风云无常的市场，也能掌控一切。诗云："风云观世态，水月证禅心"，遇到大的财富才可以承载起来；乃至于可以管理好天下的财富。就像有一种无形的力量在虚空中帮助人一样，因为"道生之，德畜之，物形之，势成之。"老子为说明这个道理举了一个例子：小河和山谷溪流之水，最终都将汇入大江大海，不召而自来，正所谓"海纳百川，有容乃大"，就是这个道理；其中智慧非常深，非常的重要，因为"天地相合，以降甘露"。

注释

道常，无名，朴；虽小，天下莫能臣也。侯王若能守之，万物将自宾。

注：道，无形不系，常不可名。以无名为常，故曰"道常无名"也。朴之为物，以无为心也，亦无名。故将得道，莫若守朴。夫智者，可以能臣也；勇者，可以武使也；巧者，可以事役也；力者，可以重任也。

按：上述的"智者、勇者、巧者、力者"都是有名分，属于有形，但是"道"是无形，回归于朴，既然无形无物，有形怎能臣服无形呢？

注：朴之为物，愤然不偏，近于无有，故曰"莫能臣"也。

按：愤，疑为"遗"之误。老子二十章"众人皆有馀，而我独若遗。"遗，遗失之意。"愤然不偏，近于无有"，意为朴之于智、勇、巧、力均若遗失之，故不偏于一事，而近于无有。也就是说当回归了纯朴的本源，就像婴孩一般的状态，他就没有智、勇、巧、力这些外表有形能力，也就回归于无有的状态。

注：抱朴无为，不以物累其真，不以欲害其神，则物自宾而道自得也。

天地相合，以降甘露，民莫之令而自均。

注：言天地相合，则甘露不求而自降。我守其真性无为，则民不令而自均也。

按：这也就是说，得道的人看起来好像是悠哉悠哉的，好像什么也没有作为，但是天下一切都顺应自然的成功了，一切自然达致理想状态了。

始制有名，名亦既有，夫亦将知止，知止可以不殆。

注：始制，谓朴散始为官长之时也。始制官长，不可不立名分以定尊卑，故始制有名也。过此以往，将争锥刀之末，故曰"名亦既有，夫亦将知止"也。遂任名以号物，则失治之母也，故"知止所以不殆"也。

譬道之在天下，犹川谷之于江海。

注：川谷之（与）江海，非江海召之，不召不求而自归者（也）。行道于天下者，不令而自均，不求而自得，故曰"犹川谷之与江海"也。

第三十三章

自知者明，知足者富

原文

知人者智，自知者明。胜人者有力，自胜者强。知足者富，强行者有志。不失其所者久，死而不亡者寿。

注释

知人者智，自知者明。

注：知人者，智而已矣，未若自知者，超智之上也。

按：能够了解自己，明心见性，才是上等智慧。因为最高明的人是"觉知"、"觉明"、"觉悟"的圣人，因此智慧是在聪明之上，而"觉知"比智慧更高一层。也就是说能够了解别人的人不一定能认清自己，有了智慧，有了分别心从而产生了分别之智，但只有无分别之智才是圆融和圆通，后者入知人且明己。当本性觉知和觉悟之后，它是无分别的智慧，这种状态就能够明心见性，大智大慧，与大道相通。

胜人者有力，自胜者强。

注：胜人者，有力而已矣，未若自胜者，无物以损其力。用其智于人，未若用其智于己也。用其力于人，未若用其力于己也。明用于己，则物无避焉；力用于己，则物无改焉。

按：修行，当向内求，而不应向外求。唯其如此，境随心转，而不是心随境转。故自胜者，内心强大也。

知足者富，

注：知足（者），自不失，故富也。

按：适可而止的人，是因为他具有不迷失自性的觉知。"知止可以不殆"，所以可以躲避灾祸，从而让富有变为恒久富足。

强行者有志，

注：勤能行之，其志必获，故曰"强行者有志"矣。

不失其所者久，

注：以明自察，量力而行，不失其所，必获久长矣。

按：不迷失其自性的人，因为明察秋毫，量力而行，不做自己做不到的事，不纵容欲望。反而避免了灾祸，从而可以获得长久生存。

死而不亡者寿。

注：虽死而以为生之，道不亡乃得全其寿。身没而道犹存，况身存而道不卒乎。

按：道是无形、无物、无象，所以得道的人即使肉身不存在于世间，其精神（道）却永恒永生；这才是真正的长寿。

直译

能够认识别人的人是智而聪明人，但能了解自己的人才算明了大慧之人。

能战胜别人的人是有力量之人，而战胜自我的人才算真正强大的人。

知道适可而止，心定而满足的才是真正的富有。

努力勤勉、坚持不懈之人是有志者。

但不离失根本才可以天长地久。

肉身虽死而精神永存不朽才算长寿。

财富管理与投资视角

投资致富是每个投资者的出发点和志向。但是富裕的人，不能仅仅只有金钱，如果这个人贪婪之心无止境，没有功德力去承载这份财富，最终也必将败光，回归成为一无所有的穷人。在现实生活中不乏其例。所以老子提醒世人"不失其所者久"，一定要抱元守一，复归其根本，守藏锐气，挫其锐，和其尘，同其光，知足者富！而要做到知足，先要回归到自知觉明。向自己内部求，而不是仅仅向外求；向外可以知人，那仅仅是小聪明，而不是大智慧，因为你根本不明了自性，明了自性，方可明心见性，从而生起大智慧之能量，有了大能量，"犹川谷之于江海"，不求而自来。天下万物如此，财富亦然。所以老子在第三十三章讲出了财富管理的最高境界。

第三十四章

道氾左右，可名为大

原文

大道氾兮，其可左右。万物恃之而生而不辞，功成不名有，衣养万物而不为主。常无欲，可名于小；万物归焉而不为主，可名为大。以其终不自为大，故能成其大。

注释

大道氾兮，其可左右。

注：言道氾滥无所不适，可左右上下周旋而用，则无所不至也。

按：显而易见，在三十四章里，老子再次强调了道的巨大作用。在空间上表示为上下左右，而在时间上也是可以穿越。"执古之道，以御今之有。"老子在三十二章讲"朴，虽小，天下莫能臣之。"是从大与小视角说明了道的作用，不是微小的，尽管它看不见也摸不着。本章讲"左右"，其实就讲道的力量可以支配左右人的行为，人的管理能力，求财，求功名，求官禄，一切尽在"道"之掌控左右之下。

万物恃之而生而不辞，功成不名有，衣养万物而不为主。常无欲，可名于小；

注：万物皆由道而生，既生而不知其所由。故天下常无欲之时，万物各得其所，若道无施于物，故名于小矣。

万物归焉而不为主，可名为大。

注：万物皆归之以生，而力使不知其所由。此不为小，故复可名于大矣。

按：老子哲学思维特点是从矛盾对立双方是入手分析，阐述其两者可以变换的。小不为小，小可名于大。我们从观察自然界一颗树种的故事就可以领悟。一粒小小的种子在土壤里面的时候，它当时很小，微不足道。人们根本看不见它，当然也瞧不起它。可是它在土壤里面，当时间不断的推移，在阳光和雨露滋润下；慢慢的发芽成长出来，一天又一天，历经春夏秋冬，一年又一年过去了；十年甚至数百年以后，它就会长成参天大树；无论风雨雷电，都无法撼动它。或许这种现象在经济学上就称之为"复利"。自然界的种子长成为参天大树的现象恰好就是经济学上伟大"复利"的最形象的体现。这也许就是经济学上的"道"，在财富管理投资之路上就称之为"财道"。

以其终不自为大，故能成其大。

注：为大于其细，图难于其易。（出自老子第六十三章）

解读

道是无所不在。一切时空，一切事物都有道的存在。有人劳师动众而不得成就，而有人却可以四两拨千斤成就伟大的事业，为什么相差那么远？答案其实就是"道"的作用，道不远人，而人却远离道，是因为人贪得无厌的欲望而偏离了道。其中的道理就在于当人觉明后归于纯朴、真诚、无我、专一，从而产生了无穷力量，这种力量就是道的力量。

万物是依照道而生长，万事也是依照道而获得成就的。因为道长孕育滋养了万事万物，而不自以为主宰。它常常是无欲无求、朴素率真的。在无声无息之中滋养了万物，它是微小的，无形无相，我们用肉眼看不见，但是万物万事都归顺于它。因此它又是伟大的。而得道的人哪怕做了伟大的事业，也绝不居功自傲，正因为他不自大，所以才能成就伟大的事业。

财富管理与投资视角

老子在第三十四章是详细的阐述了道的巨大作用。道无所不在，商道、财道、投资之道亦然。所以人们想要成就万事万业皆须先懂得去领悟"道"。因为"大道氾兮，其可左右"。坚持价值投资才是资本市场健康成长的基石。"去骄、去奢、去甚，以其终不自为大，故能成其大。"人们千万不要小看小微资本的力量，"常无欲，可名小；万物归焉而不为主，可名为大。"由小资本可以变成大资产，"为大于其细，图难于其易"，一切顺应"道"皆有可能。

财富与投资小故事：有人曾经问过巴菲特，世界上为什么那么多人没有赚到钱？巴菲特微微一笑，回答说，"因为世界上大部分人是不喜欢慢慢的赚钱。"正如张磊回答人们一直想追寻高瓴资本成功的秘诀是什么的时侯说："在长期主义的路上，与伟大格局者同行，做时间的朋友。"

第三十五章

执大象，天下注

原文

执大象，天下往；往而不害，安平太。乐与饵，过客止。道之出口，淡乎其无味，视之不足见，听之不足闻，用之不足既。

解读

老子在三十五章中继续阐述"道"在人的生活中是具有多么不可思议的作用，说明了道对人是百益而无一害。它是存在于有形和无形的空间之中，而且它总是那么的安静祥和，让人愉悦；一个人只要得到了"道"，"万物归焉"天下人都会投奔于他，因为他让人有安全感，心里踏实。如果从色、香、味、触去理解"道"，它品尝起来其实是平淡无味的，它又是微小的，看不见，摸不着，也听不见，却用之不竭。

注释

执大象，天下往；

注：大象，天象之母也。（不炎）不寒，不温不凉，故能包统万物，无所犯伤。主若执之，则天下往也。

按："大象"的"大"，此处指的是道、朴、常。老子第二十五章"字之曰道，强为之名曰大。"是无形之象，所以称"大象"。四十一章"大象无象"为证。

因"人法地，地法天，天法道，道法自然。"所以"大"象乃"天"象之母。

往而不害，安平太。

注：无形无识，不偏不彰，故万物得往而不害妨也。

乐与饵，过客止。道之出口，淡乎其无味，视之不足见，听之不足闻，用之不足既。

注：言道之深大。人闻道之言，乃更不如乐与饵，应时感悦人心也。乐与饵则能令过客止，而道之出言淡然无味。视之不足见，则不足以悦其目；听之不足闻，则不足以娱其耳。若无所中然，乃用之不可穷极也。

按：古语云，忠言逆耳利于行。同样，"大道"之理，平淡无味，没有华丽的表现形式，非一般人所能够接受。只有修行人才能明白这些平平淡淡，没有什么华丽外表作修饰的才是真正的"道"，而真正的"道"能量无穷大，如"川谷之于江海，不召不求而自归"。

投资视角

有商道的企业在现代经济活动中也能够具有一种玄妙无穷、不可思议的能量。因为如果企业的创办人掌握了伟大的道的运行规律，他就有了道的能量，普天下的人们都愿意归顺于他。道给天下带来美妙的生活，与万物同在而不去主宰它们，顺应万物自然发展，那么它的存在是安详的，让人们不互相侵犯，也不会因为利益而谋害他人，因此天下人都非常向往这种平安幸福和快乐的生活。有道存在的地方，会呈现一片太平盛世的景象，过往的客人都会停止脚步，享受这种美妙的生活，如果用言论去评判道，那是十分的苍白无力的，因为道的作用是无穷无尽的。"太上，下知有之。其次，亲而誉之。其次，畏之。其次，侮之。"（详见老子第十七章）世间一切皆在"道"之下而矣。

在现实经济生活中，做投资一定要去寻找有道的企业。而往往有道的企业，可能没有华丽的外表装饰自己，好象平淡无味，但是其能量不可思议、无穷无尽的。要把握住这样的机缘，及时切入跟随，与其同行，这就是"动善时"，不要错过这样的机缘，尽管它可能是"淡乎其无味，视之不足见，听之不足闻"，但是，道之力量，绵绵若存，用之不尽。

第三十六章

柔胜刚，弱胜强

原文

将欲歙之，必固张之；将欲弱之，必固强之；将欲废之，必固兴之；将欲夺之，必固与之；是谓微明。柔弱胜刚强。鱼不可脱于渊，国之利器不可以示人。

注释

将欲歙之，必固张之；将欲弱之，必固强之，将欲废之，必固兴之；将欲夺之，必固与之，是谓微明。

注：将欲除强梁、去暴乱，当以此四者。应物之性，令其

自戮。不假刑为大，以除将物也，故曰"微明"也。足其张，令之足，而又求其张，则众所歙也。与其张之不足，而改其求张者，愈益而已反危。

按：微明，谓微而显也。

三十六章一开篇就使用排比"故张、故强、固兴、固与"，老子要人们学会从矛盾的双方去观察"合与张"、"弱与强"、"废与固"、"夺与予"，虽然表面看似矛盾，却关系很微妙，在这个关系的过程中如何转化，需要因缘与天时地利，此道理显而易见。

柔弱胜刚强。鱼不可脱于渊，国之利器不可以示人。

注：利器，利国之器也。唯因物之性，不假刑以理物。器不可见，而物各得其所，则国之利器也。示人者，任刑也。刑以利国，则失矣。鱼脱于渊，则必见失矣。利国（之）器而立刑以示人，亦必失也。

参考《唐景龙二年易州龙兴观道德经》版：

柔胜刚，弱胜强。

解读

老子喜欢从相反、相对的矛盾对立的角度进行分析事物，从而逐渐阐述他的观点。因为"反者道之动，弱者道之用"。如果人们能够觉察环境的细微变化，就能够把握未来。治理国家或管理学上老子推崇阴柔之术。他认为任何治理都离不开法、术，势。法是明面的，属于阳谋，所以是可以展示给人们看的，而术、势是阴谋，应当隐藏起来。

直译

想要收敛它必先让它扩张膨胀起来。想要削弱对方，反而要加强抬举对方。要让一个东西废除，就要先让它兴旺使其骄傲。想要夺取得到它，反而要先给予它。

有道的人是刚柔并济，内刚外柔，外相常常展示出浑厚圆融的柔和，而内心却是坚韧而强大。因为在硬碰硬的争夺战中并没有好的结果，搞不好都是会两败俱伤。而柔弱者是谦虚的，但却可以是真正的强大者；刚强性子的人往往显得很骄傲，结果反而会失去很多东西。

鱼儿的生存，不可以离开池渊。国家有比别人先进的武器，核心技术，核心人才，都要藏起来，不可以向人炫耀，因为它是为了保护国民大众的安全。

财富管理与投资视角

所谓的财富管理对老百姓而言，就是要让自已微弱的小财，如何通过投资管理让财富由弱小变到强大，即"发大财"。所以本章的智慧很深，把它运用在财富管理上面，就是获取大财富的智慧法则。所以老子在三十六章告诉我们：第一要有信心和目标：弱小的事物可以转变为强大。穷人也可能变成富人，今天贫穷不代表未来也贫穷。其二，任何事物的发展要有时间过程。道的发展是有规律的："道生一，一生二，二生三，三生万物。"这个过程心态要平和，要隐而不露，光而不耀，"泄则败，秘则成。"企业的核心商业运行机密如此。财富管理者对财富的管理也有其机密的谋划，也应当如此。因为"鱼不可以脱于渊，国之利器不可以示人"。第三，重积德则无往而不克。厚德以载物，德行有多厚，就能承载多厚的财富。"道法自然"也。

第三十七章

道常无为，而无不为

原文

道常无为，而无不为。侯王若能守之，万物将自化。化而欲作，吾将镇之以无名之朴。无名之朴，夫亦将无欲。不欲以静，天下将自定。

注释

道常无为。

注：顺自然也。

按：道的恒常状态，随顺自然，看似无为却无所不为。

而无不为，

注：万物无不由为以治成之也。

按：此句当云："无不为，万物由之以始成也"。

侯王若能守之，万物将自化。化而欲作，吾将镇之以无名之朴。

注：化而欲作，作欲成也。吾将镇之无名之朴，不为主也。

无名之朴，夫亦将无欲。

注：无欲竞也。

按：战国时代，征战不断，天下大乱，根源在于各诸侯王欲望大作，都想竞争称帝统治天下。所以老子提出用"无名之朴"镇住侯王之贪欲，令其无欲。

不欲以静，天下将自定。

按：当天下的诸侯王们没有贪欲，就没有发动战争的欲望去争夺土地国界，天下百姓自然而然就安居乐业了。

解读

本章是《道经》最后一篇，这也是老子立言劝戒天下君王诸侯的总结概述。在老子看来，理想的社会是因"道"的"无为"而存在的。"道"的"无为"体现在"静、朴、无欲"。如果管理者能够按照"道"的法则去管理，不去干涉人们的生活，百姓就能安然而自在，天下就太平了。"大道"常态就是处于无为自然的状态，因此人们是看不见它的行动或者作为。在天地间一切都是"道"所生化，我们所看见的一切事物都是"道"的作用。君王、管理者如果能够根据"道"的法则去治理和管理，世间万事万物都能在自然中运化，并且能够按照自己的规律去实现充分的发展。当人们在自然中升发起贪念时，就必须拿"道"的"无名之朴（即回归真朴的道）去镇住它抑制它，调整它，最终使人们的贪欲，逐渐的减少，达到无欲的时候，这就是接近"道"了。没有了过多的贪婪欲望，人们就不会折腾，不浮躁了，天下自然就恢复正常、安定了。

财富管理与投资视角

在现代经济生活中，企业间市场竞争异常激烈，各种竞争行为征战不休，各种企业之间的竞争导致各种企业也是生生死死，起起伏伏。如何让经济有序、正常，安定祥和的发展，这就需要大道的智慧了。投资也一样，投资者的心态，要么贪欲要么恐惧，这样的心态支配必然造成投资失败。如果能够遵循大道之法，修炼自我，那么投资就是一件自然而轻松的事，因为你不再浮躁，"不欲以静，天下将自定。"财富管理也是如此，让财富慢慢的稳健的，而不是大起大落的；而是自然而然的增值。对于一个人而言，在财富积累的发展的过程中，事实上很多时候会出现这一种情况：原来一个人什么都没有，当然就没有什么欲望，这时他是"无"的状态，这样的人老实而纯朴。但是当他的事业发展起来之后，财富逐渐的积累起来，有财了，事业逐渐的壮大了，这时候一个人的欲望就慢慢会膨胀起来，贪婪之心就逐渐升起来，贪婪之心不是什么好事啊！从小贪慢慢的变成了大贪。这就会招来大灾祸！那这时候怎么办？就必须用"道""真朴"去镇住它，去降服这颗贪婪恶魔之心。让它回归初心，不忘初心，只有这样才可能避开灾难，化解凶险，长治久安。

下 部

开门用德

　　"生而不有，为而不恃，长而不宰，是谓玄德"憨山禅师云，"常然而不失者，以其体至虚，故其用至大。所以万物赖之生长。"厚德而载物，人欲以开其利，当以用德。老子用四十四篇文章述德，用心良苦。道为体而德为用，治国用兵，经商理财，皆须用德；慎终如始，则无败事。故《老子思想与投资思维》下篇，欲开财门，必以用德，德用则复归其本。因为善建者不拔，善抱者不脱。恰如《烟波钓叟歌》云"开门六乙合六己，地遁如斯而已矣"（奇门遁甲）。域中有四大，而人居其一。道大、天大、地大、人亦大。人法地，地法天，天法道，道法自然。人须尊道而贵德，方可成就大业。

第三十八章

上德之德，去华取实

本章概述

　　本章是德经部分的开篇文章。内容比较艰涩而玄奥。如何理解？如果从"反者，道之动"（第四十章）辩证的角度，从事物的反面去理解它的正面就比较容易理解老子的观点；从"下德"角度去理解"上德"；从"失道"角度去理解"有道"。"道"是看不见摸不着的，最后是要复归虚静，回归朴实的，从反人性角度去理解道，而不是追求形式，顺从人性的欲望，舍本逐末；一切华丽的形式都可以"攘臂而扔之"，这才是真正的有道之上德。

原文

上德不德，是以有德。下德不失德，是以无德。上德无为而无以为，下德为之而有以为。上仁为之而无以为，上义为之而有以为，上礼为之而莫之应，则攘臂而扔之。故失道而后德，失德而后仁，失仁而后义，失义而后礼，夫礼者，忠信之薄而乱之首。前识者，道之华而愚之始。是以大丈夫处其厚，不居其薄，处其实，不居其华。故去彼取此。

解读

什么是上德？上德好像他什么也没有作为，但是恰恰是这样，他是有德的。因为上德是顺应自然的，没有想作为或不作为，正如一个人不在乎外表是否表现出德行，而恰好这才是有"德"的。若一个人老想着表现自己的德行，就已经不是上德，而是"失道"了。上德之人是无为的，不是为了让别人认为自己有道，而在于自己内观自我，问心无愧，活得是通透而自然。"下德"之人，则是有心作为去施"德"，是造作而有所求。所以这反而是无德。

俗话说做好事不留名，是在积阴德。积累起来就是功德无量的上德，它是不彰显的；而做了好事，唯恐别人不知道，这是积累阳德，阳德福报是有限的。有些时候甚至会引来灾祸。上德的人不违反自然规律做事，而且不故意为之，因此他们能够成就一切，无所不为。下德的人，以有为法行事，这种刻意的做法反而无所作为、而无所得。

上德和上仁的共同点都是出于无意，没有为了做而做。区分点在于，上德行动上是无为的，上仁的行动是有所作为，因此"上仁"属于下德。"上义"也是属于下德，因为有所作为，而且是出于有意，而不是自然而然发生的。礼也是有所为，是为了约束人的行为，那么它就会有强迫性，最有悖于自然，一旦得不到回报就会生气，因此，老子认为过度注重外表的礼节的刻意行为是不可取的。

老子认为，一个人如果失去了"道"，然后才讲"德"的方法。失去"德"的方法，然后再讲"仁"的方法，劝人多行善。失去了"仁"才讲"义"的方法，劝人不要行不义。失去了"义"，最后才讲"礼"，强迫人起码要遵循规则，这一种"礼"，是最不靠谱，没有信用的。当人们需要用"礼"客客气气行事的时候，虚伪就随时而产生，混乱也就接踵而至。

"前识"就是先见之明，很多人喜欢算命或者对未来的预测。老子认为有道的人不需要知道吉凶祸福。所谓的这些超前的预测、先知等等都是取巧，是"道"的虚华。这种华而不实的聪明，实际上是最愚昧，所以大丈夫应当守敦厚之道，存心朴实，舍去礼的虚华。

注释

王弼注三十八章全文：

德者，得也。常得而无丧，利而无害，故以德名焉，何以得德？由乎道也。

按：王弼认为："道"是"德"的来源，是德的逻辑起源，如果舍弃了"道"，后面的"德"就会自然丧失。

何以尽德？以无为用。以无为用，则莫不载也。

按：无用之用，才是真正的有用。因为"无"是道，道可以承载和生化万事万物。

故物，无焉，则无物不经；有焉，则不足以免其生。是以天地虽广，以无为心；圣王虽大，以虚为主。

按：告知管理者的心胸格局一定要大。大至极端之后是无，比如大大海"一望无际"，无穷大便是虚空。是"心包太虚"之无量大。

故曰以复而视，则天地之心见；至日而思之，则先王之至睹也。故灭其私而无其身，则四海莫不瞻，远近莫不至，殊其己而有其心，则一体不能自全，肌骨不能相容。

按：这里指出修身养德根本就是去掉自私的私心，修正为大公无私。

是以上德之人唯道是用，不德其德，无执无用，故能有德而无不为。

按：这就是修学道的结果和作用。即有德之圣人无为而无所不为。

不求而得，不为而成，故虽有德而无德名也。下德求而得之，为而成之，则立善以治物，故德名有焉。求而得之，必有失焉；为而成之，必有败焉。

按：执者失之，为者败之。（老子第六十四章）

善名生，则有不善应焉。故"下德为之而以为"也。无以为者，无所偏为也。凡不能无为而为之者，皆下德也，仁义礼节是也。将明德之上下，辄举下德以对上德。

至于无以为，极下德之量，上仁是也，足及于无以为而犹为之焉。为之而无以为，故有为为之患矣。本在无为，母在无名。弃本舍母而适其子，功虽大焉，必有不济；名虽美焉，伪亦必生。

按：这一段讲出了根本："本在无为，母在无名"，因为道，顺其自然，无为无名。这也是老子为什么会反对仁义礼这些形式主义东西的原因。

不能不为而成，不兴而治，则乃为之，故有弘普博施仁爱之者，而爱之无所偏私，故"上仁为之而无以为"也。爱不能兼，则有抑抗正直而义理之者，忿枉祐直，助彼攻此物事而有以心为矣，故"上义为之而有以为"也。直不能笃，则有游饰修文礼敬之者。尚好修敬，校责往来，则不对之间忿怒生焉，故"上礼为之而莫之应，则攘臂而扔之。"

夫大之极也，其唯道乎？自此已往，岂足尊哉？故虽盛业大富而有万物，犹各得其德而未能自周也。故天不能为载，地不能为覆，人不能为瞻。

万物虽贵以无为用，不能舍无以为体也。不能舍无以为体，则失其为大矣，所谓"失道而后德"也。以无为用，德其母，故能己不劳焉而物无不理。下此已往，则失用之母，不能无为而贵博施，不能博施而贵正直，不能正直而贵饰敬，所谓"失德而后仁，失仁而后义，失义而后礼"也。

夫礼也，所始首于忠信不笃，通简不畅，责备于表，机微争制。夫仁义发于内，为之犹伪，况务外饰而可久乎？故"夫礼者，忠信之薄而乱之首"也。

前识者，前人而识也，即下德之伦也。竭其聪明以为前识，役其智力以营庶事，虽德其情，奸巧弥密；虽丰其誉，愈丧笃实。劳而事昏，务而治薉，虽竭圣智而民愈害。舍己任物，则无为而泰；守夫素朴，则不顺典制。耽彼所获，弃此所守，"识道之华而愚之首"。

故苟得其为功之母，则万物作焉而不辞也，万事存焉而不劳也；用不以形，御不以名，故仁义可显，礼敬可彰也。

夫载之以大道，镇之以无名，则物无所尚，志无所营，各任其贞，事用其诚，则仁德厚焉，行义正焉，礼敬清焉。弃其所载，舍其所生，用其成形，役其聪明，仁则诚焉，义其竞焉，礼其争焉。故仁德之厚，非用仁之所能也；行义之正，非用义之所成止；礼敬之清，非用礼之所济也。

载之以道，统之以母，故显之而无所尚，彰之而无所竞。用夫无名，故名以笃焉；用夫无形，故形以成焉。

守母以存其子，崇本以举其末，则形名俱有而邪不生，大美配天而华不作，故母不可远，本不可失。

仁义，母之所生，非可以为母；形器，匠之所成，非可以为匠也。舍其母而用其子，弃其本而适其末，名则有所分，形则有所止，虽极其大，必有不周，虽盛其美，必有患忧，功在为之，岂足处也？

按：以上这段长文章是王弼对"道"与"德"的完整全面的理解和阐述，核心的观点是："道"是根本，是母；"德"是表面，是子。这两者既不可以混淆，也不可本末倒置；若舍本逐末，即丧德也。

财富管理与投资视角

"大丈夫处其厚，不居其薄，处其实，不居其华。故去彼取此。"从财富管理角度看，其实任何企业或家族、家庭的财会事务很实在，不能浮躁、更不能浮夸。格雷厄姆曾说过，股市里面永远的确定就是它不确定；永远不要去预测股票何时涨何时跌。因为老子说"前识者，道之华而愚之始。"所以投资之前，一定要沉下心去研究一家企业到底是不是真正具有长期成长价值的伟大企业。

因此，大丈夫应当去薄取厚，弃华居实。投资者考察企业的时候，不仅仅是看这个企业在说什么，在表面上做什么样的功夫，那些可能都是花架子。表面上看那些宣传出来的事情好像很漂亮，但事实上在内部是不是这样？其运行与发展的内在逻辑是什么样的？从具体的层面说，它是只做营销的设计与包装？还是专注于做内容？有没有专注于创造真正的价值？企业创办人是不是一个劲地只会吹牛，项目悬空而不落地？如果是这样华而不实的企业，它就不是一个真正具有长期价值的伟大企业。

第三十九章

天地得一，清宁盈灵

原文

昔之得一者，天得一以清，地得一以宁，神得一以灵。谷得一以盈，万物，得一以生，侯王得一以为天下贞，其致之（一也）。天无以清将恐裂，地无以宁将恐发，神无以灵将恐歇，谷无以盈将恐竭。万物无以生将恐灭，侯王无以贵高，将恐蹶。故贵以贱为本，高以下为基。是以侯王自谓孤、寡、不谷，此非以贱为本邪？非乎？故致数舆无舆。不欲碌碌如玉，珞珞如石。

注释

昔之得一者，

注：昔，始也。一，数之始而物之极也。各是一物之生，所以为主也。物皆各得此一以成，既成而舍（一）以居成，居成则失其母，故皆裂、发、歇、灭、蹶也。

天得一以清，地得一以宁，神得一以灵，谷得一以盈，万物得一以生，侯王得一以为天下贞，其致之（一也）。

注：各以其一致此清、宁、灵、盈、生、贞。

按："贞"与"正"字在此句义相通。《周易集注》解释，"贞，正而固也"。又指出"利贞者，人事之当然理也。"

天无以清将恐裂，

注：用一以致清耳，非用清以清也。守一则清不失，用清则恐裂也。故为功之母，不可舍也。是以皆无用其功，恐丧其本也。

地无以宁将恐发，神无以灵将恐歇，谷无以盈将恐竭。万物无以生将恐灭，侯王无以贵高，将恐蹶。故贵以贱为本，高以下为基。是以侯王自谓孤、寡、不谷，此非以贱为本邪？非乎？故致数誉无誉（《二十二子》本"誉"作"舆"）。不欲碌碌如玉，珞珞如石。

注：清不能为清，盈不能为盈，皆有其母，以存其形。故清不足贵，盈不足多，贵在其母，而母无贵形。贵乃以贱为本，高乃以下为基。故致数誉乃无誉也。玉石琭琭、珞珞，体尽于

形，故"不欲"也。

解读

老子用"一"来代表"道"，说"得一"就是说得道，所以本章举了六个例子论述世间一切都是因道而生，比如"天、地、神谷、万物、侯王"；如果失去道，一切都将灭绝。连人中最尊贵之侯王，也都应当遵循自然之道，并且必须以低贱为本，注重谦卑之德行。

古代得了道的人境界应当是怎么样的呢？天得了道就会清明，地得了道就会宁静和安详，神得了道就能感通，山谷，得道就能水分充盈，万物得道则生机勃勃，侯王得道，就能为天下人间的首领。这里说的神，是人的神奇灵通，它没有时空限制的。以上这六个例子都是说明了世间万有都不应该离开根本；根本就是一，一就是道。

失去道就会怎么样呢？天不清明了，恐怕都会崩裂；地也不得安宁了，地下恐怕都会断裂开（发生地震现象）；人将失去的灵性，恐怕就会衰亡；山谷没有了流水，就会干枯了；万物也不生长了，就会死亡了；侯王也会失去首领的位置，其政权就被民众颠覆。

所以贵贱是相关的，高高在上的人要有群众基础，有了坚实地基才有高楼。历代的侯王都把自己称为孤家、寡人、不谷。人要明白大富大贵都是以卑贱为根本，因此真正高贵的人要懂得谦卑，居后而不争。

最好的东西往往是无法形容的。至高无上的荣誉，不需要夸耀。所以我们真正需要的修炼是内在的一面；而不需要像玉石那样的璀璨和耀眼，华而不实，而宁愿坚如盘石。

财富管理与投资视角

老子在第三十九章是进一步讲"德"的重要性，这里的"得"与"德"通用，和"道"相对应，这两个字，音相同，义在此可以相通。他讲了天得"道"一以清，地得"道"一以宁，神得"道"一以灵，万物得"道"一以生，人王（侯王）得道一以为天下贞。这样的结果是吉祥的，而当失去"道"，又会发生什么样的变化呢？天裂、地发、神歇、谷竭，万物将恐灭，人失道，更加是危机四伏了，所以得"道"与不得"道"非常重要！如果从财富管理的视角观之，人要求财，必先求道。人若失去了道，就很难获取到财了。失道者寡助，天都不助你，何以成功？

从投资的角度去理解，第三十九章感悟最深的就是专一的精神，一旦"专一"、"专注"，它就会产生无穷无量的能量，这种能量看不见摸不着，或许就是"道"的能量，其作用巨大，如果没有了这个"专一"，也就失去了"道"，天下会发生巨大的问题"天无以清将恐裂"。人也失去灵性，万物不生长，首领都会被颠覆其王权之位，所以"专一"太重要了。在投资学上如果把力量用到极致，让小微的资本，聚集起来就能产生巨大的效益，这是小微投资人最应当明白的一个道理，切忌不要为别人观点所左右。这是要通过实践再实践，通过修炼再修炼，才能够懂得的真理。要注重于实在，而不要被外界华丽的花言巧语所诱惑，正如那些美玉虽然非常好看，但是很容易破碎，所以要明白，投资是严肃的事情，关乎企业（或家庭财富经营）生死存亡，任何企业要永葆青春，图谋发展壮大，其根基就要坚如磐石。投资者保持稳扎稳打、低调谦逊心态就是回归道的根本，而"专一"正是获取"大道"能量的最好捷径。

第四十章

道用反弱，有生于无

原文

反者道之动，弱者道之用。天下万物生于有，有生于无。

注释

反者，道之动，

注：高以下为基，贵以贱为本，有以无为用，此其反也。动皆知其所无，则物通矣。故曰"反者，道之动"也。

按：我们观察自然界，反向运动是自然规律。比如当太阳从东方升起的时候，它的运动方向就是向西落下。当太阳落山之后，当夜幕降临，黑夜看似很漫长，但是子时一过，其实黎明就不远了。正如有句诗说"冬天来了，春天还会远吗？"这种阴阳辩证的思维方式，一直用在我们传统的祖国医学养生与治疗的理论与实践之中。有《运气当审常变歌》为证：

> 未达天道之常变，反谓气运不相应，
>
> 既识一定之常理，再审不定变化情，
>
> 任尔百千杂合病，要在天时地化中，
>
> 知其要者一言毕，不得其旨散无穷。

（出自清·吴谦等编《医宗金鉴》卷三十五）

"反"，也可以同"返"，往返运动是一种自然规律。大自然的生命运动也是这个规律。生生不息的世间万物就是出生、成长、壮年而后逐渐的衰亡。一个事物衰亡，意味着另一新生事物又开始生起，如此往返运动生生不息。

反，还有"物极必反"之意。事物发展到好的地方，可能到了极点，它就慢慢向其相反的一面发展，蕴藏着不祥之兆。哲学上的"否定之否定"与此相通。

所以，"反"，在此应当作一个动词，是运动的一种状态，从这角度思考，"反"同"返"之义。因为道的常态也是在变化运动之中。易经言，"一阴一阳之谓道"讲的就是这个恒常道理。

弱者，道之用。

注：柔、弱同通，不可穷极。

　　按：柔弱胜刚强，"天下之至柔，驰骋天下之至坚"（老子第四十三章）。"不可穷极"，是讲"道"的作用是不可思议的，"道"是具有不可思议的巨大能量。

　　天下万物生于有，有生于无。

　　注：天下之物，皆以有为生。有之所始，以无为本。将欲全有，必反于无也。

　　按：王弼把"有"和"无"的关系阐述的非常的透彻。有和无是互相可以转换的。而"有"之根本母体是"无"。"将欲全有，必反于无也。"其中的内涵更加玄妙，值得反复玩味琢磨，体察其中给当代人生活所带来的智慧。

财富管理与投资视角

　　第四十章在老子五千言中是最言简意赅的，只有两句话，然而微言大义，意义非凡。老子告知我们，什么是辩证的思维方式？中国哲学家、哲学史家冯友兰先生曾经指出"《易传》和《老子》持守一样的看法：人若想做成一点事情，就不要指望一帆风顺，马到成功，若不想失去已有的东西，就要从事物的反面多着想一点。"

　　本章老子同时也告诉我们，什么才是"道"的真正的作用？"道"具有的不可思议的巨大能量。如果从财富管理与投资视角上去理解也是最恰当不过了，因为真正的投资都是从弱小开始的，一般小微投资人就是弱小而微不足才想通过投资让小微资产增长至大富大贵。当然小与大是相对的，即使有一亿身价资产的投资者也想通过投资使资产变成十亿，百亿，千亿！"反者，道之动"这是告诉我们道运行之规律，或许反常态恰好是常态。"弱者，道之用"老子是开示后人为什么要学"道"？"天下万物生于有，有生于无"是伟大的辨证思想，是真理也！悟到即得到，因为财道与投资法皆隐藏其中。

第四十一章

闻道三行，善贷且行

原文

上士闻道，勤而行之，中士闻道，若存若亡；下士闻道，大笑之，不笑不足以为道。故建言有之，明道若昧，进道若退，夷道若纇。上德若谷，大白若辱，广德若不足，建德若偷，质真若渝。大方无隅，大器晚成，大音希声，大象无形。道隐无名，夫唯道善贷且成。

注释

上士闻道，勤而行之；

注：有志也。

中士闻道，若存若亡；下士闻道，大笑之，不笑不足以为道。故建言有之

注：建，犹立也。

明道若昧，

注：光而不耀。

进道若退，

注：后其身而身先，外其身而身存。

夷道若颣。

注：颣，坳也。

按：坳，深窪，形容不平。

注：大夷之道，因物之性，不执平以割物。其平不见，乃更反若颣坳也。

按："反者，道之动"。一切万事万物应当辩证观察，反其思而通其道。进与退，先与后，外在与内存，平与坳这些都是相对相生，正如五行相生亦相克。

上德若谷，

注：不德其德，无所怀也。

大白若辱，

注：知其白，守其黑，大白然后乃得。

广德若不足，

注：广德不盈，廓然无形，不可满也。

建德若偷，

注：偷，匹也。

按："偷"字疑为"输"或"媮"字之误，同"愚也"之义。

注：建德者，因物自然，不立不施，故若偷匹。

质真若渝。

注：质真者，不矜其真，故（若）渝。

按：渝，通"窬"，空虚的意思。

大方无隅，

注：方而不割，故无隅也。

大器晚成，

注：大器成天下，不持全别，故必晚成也。

大音希声，

注：听之不闻名曰希。（大音）不可得闻之音也。有声则有分，有分则不宫而商矣。分则不能统众，故有声者非大音也。

按：听得见，但是无法分辨的出是什么音名，称之为希。也就是说当声音到了极大状态，无法分辨出宫、商、角、徵、羽五音的区别，这种音就是最大声。古人称之为雷霆之大音。

大象无形。

注：有形则有分，有分者，不温则（凉），不炎则寒。故

象而形者，非大象。

道隐无名，夫唯道，善贷且成。

注：凡此诸善，皆是道之所成也。在象则为大象，而"大象无形"，在音则为大音，而"大音希声"。物以之成，而不见其（成）形，故"隐而无名"也。贷之，非唯供其乏而已；一贷之则足以永终其德，故曰"善贷"也。成之不如机匠之裁，无物而不济其形，故曰"善成"。

按：老子认为大者，道也。凡具备道之体性事物，无隅、无形、无声、晚成。物以成之，而不见其成形也。善贷善成，无物不济其形也。因为大道善于给予万物而成就万物。

解读

上等慧根之人听见道，就会行动起来亲自实践，身体力行。中等慧根之人听见道，将信将疑，有时候相信，但有时候也不相信，甚至可能会逐渐的淡忘。而下等慧根之人听见道，会哈哈大笑，正因为他的大笑，才显示出道的高深，如果下等慧根之人不大笑，这还不算是"道"了，因为这个"道"也太简单了，一点都不高深，一听就明白，一听就懂了。在他看来，"道"就这么简单吗？

为此，古代建言立说之先人，用十二句话去论述（明道、进道、夷道、上德、大白、广德、建德、质贞、大方、大器、大音、大象），道与常理的关系，看似相反，实质真正义意恰是说明其中有道，因为"反者，道之动"。例如：光明的道路好像是很困难的；前进的道路却好像在后退，向前行进的道路看上去却总是崎岖坎坷，坑坑洼洼的。

上德的人虚怀若谷，心包天地，德无不言，如海纳百川。故"上德若谷"。

圣人纯素贞白，一尘不染，有如白纸一张，而因太洁白所以能纳污含垢，好象与庸人无异，故"大白若辱"

小人一有小德则念念不忘，常常以此小德炫耀于世，责报于人；而圣人德泽群众，却从不居功自傲。故"广德若不足。"

小人一善之长，必炫弄自售，生怕众人不知晓；圣人则相反，凡有所施于人，惟恐众人闻知，所以民众则无德而称之，故"建德若偷"。

小人见利则趋，见风使舵，望势而变；圣人之心，贞介如玉，而不可夺，而能与世浮沉，变化无穷，无可也无不可，故"质贞如渝"。（渝，意为变也。）

世间人一般固执已见，顽固不化，表现则好象有菱有角有个性的样子；而圣人心如太虚，看破一切，放下一切，其心清静平等；所以无所不适，圆融汇通，故"大方无隅"。（隅，犹如定向之意。）

世人小聪明则恃智自用，以图速效；圣人则相反，深畜厚养，藏器于身，待时而动，迫不得已而后应，乘运而出，必为天下之利具，成就大业，故"大器晚成"。

凡具备道之体性事物，无隅、无形、无声、晚成。物以成之，而不见其成形也。善贷善成，无物不济其形也。因为大道善于给予万物而成就万物。

财富管理与投资视角

老子在本章的思想最重要是告知我们思考问题的方向，即思维方式应当辩证看待问题。在财富管理问题上，我们同样可以发现，资产分有形与无形的。有形凡人皆可见之，唯无形难识。而当代高科技，智能化是无形的，其能量大而无穷尽。知识实际上就是一种无形资产，一旦转换成有形之技术，有形之产品，其价值则无法估量！所以投资者必须重视无形资产的配置。往往最先投资于无形资产者可能就是最后的赢家！而在这个过程，在刚开始之最初，往往会因其难以理解而被世人所讥笑，而真正有道者则不惧怕之，商业史上大器晚成的案例比比皆是：马云的阿里集团如此，马化腾的腾讯公司亦如此，乔布斯、马斯克的创业之传奇故事同样如此。

第四十二章

道生之智，损近益远

原文

　　道生一，一生二，二生三，三生万物。万物负阴而抱阳，冲气以为和。人之所恶，唯孤寡不谷，而王公以为称。故物，或损之而益，或益之而损。人之所教，我亦教之。强梁者不得其死，吾将以为教父。

注释

　　道生一，一生二，二生三，三生万物。万物负阴而抱阳，冲气以为和。人之所恶，唯孤寡不谷，而王公以为称。故物，或损之而益，或益之而损。

注：万物万形，其归一也。何由致一？由于无也。

按：万物归一，是指万物皆源于根本。一，由无生。无，"道"也。故曰"道生一"。

注：由无乃一，一可谓无。已谓之一，岂得无言乎？有言有一，非二如何？有一有二，遂生乎三。从无之有，数尽乎斯，过此以往，非道之流。故万物之生，吾知其主，虽有万形，冲气一焉。百姓有心，异国殊风，而（得一者），王侯主焉。以一为主，一何可舍？愈多愈远，损则近之；损之至尽，乃得其极。既谓之一，犹乃至三，况本不一，而道可近乎？损之而益，（益之而损）岂虚言也。

按："祸莫大于不知足，多则惑，少则得。"所以在这里老子要明白，道"一"就是最简单，最单纯的"一"，而且心要专注于"一"点才可能产生像"道"一样无穷无尽的妙有玄奥之能量；世界一切的妙有，就从"专一"这个最简单、最真朴的"一"生发出来的；然后万事万物最终又复归"一"。这就是自然而然的法则。

人之所教，我亦教之。

注：我之（教人），非强使（人）从之也，而用夫自然。举其至理，顺之必吉，违之必凶。故人相教，违之（必）自取其凶也。亦如我之教人，勿违之也。

按：此句说明老子的教育皆顺乎自然，从不勉强，从不违背天道自然之法。

强梁者不得其死，吾将以为教父。

注：强梁则必不得其死。人相教为强梁，则必如我之教人不当为强梁也。举其强梁不得死以教邪，若云顺吾教之必吉也。故得其违教之徒，适可以为教父也。

按：此句表明老子主张：无为之治，则无不治也。

财富管理与投资视角

四十二章老子实际上是讲"道"的生发运作的原理和过程，同时来印证"道"是专一的，"道"是极其简单纯静的，乃至于是"无为而治"。所以不能够贪，"多则惑、少则得"，一旦迷惑了，一旦人心的贪欲无限的放大，就会产生祸害。事业就会失败了，投资事业也是如此。众所周知，投资界流行一句类似真理话："不要把所有的鸡蛋都放在一个篮子里。"这个观点其实是应当辩证的理解。其实，在投资学上这种观点似是而非，或者说在真正的小微投资者身上个案，此观点甚谬！因为专注才能产生力量，专注到极致，其力量就是极致，其能量反而是无穷尽的。在金融投资学上常有复利的计算法；其实核心的道理就是专注，永不放弃。从一元起步到一百元、一千元、一万元、一百万、一千万、一个亿到十亿、百亿，千亿乃至一万亿，这是专注的力量。用复利的计算法，短短的十年或二十、三十年产生的力量是无穷大的！读者可以自己计算，这里不赘述。许多人终其一生，不断的变换投资标的，不断的去改变初衷，被外界干扰所左右，站在这山却向往那山更高，贪得无厌，捡了些芝麻，丢了西瓜，哪怕用五十年也是一事无成。投资也不过是世间万事万物之一而矣，它也不能离开道啊，不能离开道的规律啊！如果离开了道，没有道的力量，不明白道的法则，"不知常，妄作，凶！"所以投资者最应该学习的心态就是回归到专一，在"道一"上专修，"修德进业"。所以说投资学其实是心理学，道理就在这里，悟道即得道。

道生之智慧与能量，损之近道，益之则远，道不远人，而人远之也。

附录：为了让读者更详细的了解复利可创造出惊人的价值，以下讲一个关于复利的小故事。

国王下棋

一个爱下象棋的国王棋艺高超，从未遇到过敌手。为了找到对手，他下了一份诏书，说不管是谁，只要下棋赢了国王，国王就会答应他任何一个要求。

一个年轻人来到皇宫，要求与国王下棋。紧张激战后，年轻人赢了国王，国王问这个年轻人要什么奖赏，年轻人说他只要一点小奖赏：就是在他们下棋的棋盘上放上麦子，棋盘的第一个格子中放上一粒麦子，第二个格子中放进前一个格子数量的一倍麦子，接下来每一个格子中放的麦子数量都是前一个格子中的一倍，一直将棋盘每一个格子都摆满。

国王没有仔细思考，以为要求很小，于是就欣然同意了。但很快国王就发现，即使将自己国库所有的粮食都给他，也不够百分之一。因为从表面上看，青年人的要求起点十分低，从一粒麦子开始，但是经过很多次的翻倍，就迅速变成庞大的天文数字。（1 公斤麦子约 4 万粒，根据棋牌复利计算结果换算成吨的话，约等于 4611 亿吨，以中国 2010 年粮食年产量 5.4 亿吨为参考，相当于中国一年粮食产量的 853 倍，即需要国家花853 年才能完成这个粮食生产任务。）

第四十三章

至柔不折，无为有益

原文

天下之至柔，驰骋天下之至坚，无有入无间，吾是以知无为之有益。不言之教，无为之益，天下希及之。

注释

天下之至柔，驰骋天下之至坚，

注：气无所不入，水无所不（出于）经。

按：空气是无孔不入的，而水是无所不渗透的，君不见水滴可石穿？此乃至柔克至坚之理也。

无有入无间，吾是以知无为之有益。

注：虚无柔弱，无所不通。无有不可穷，至柔不可折。以此推之，故知"无为之有益"也。

按：结合以上两段内容，可以从两个层面去理解，第一是虚无，虚无如空气，无孔不入，所以无所不通，无所不入。第二个是柔弱，最柔软的物体反而难以折断它的。这说明：无形的力量不可思议，它可以超越一切有形障碍。因为"无有"的虚无是可以穿越进入到任何看似没有任何缝隙的时空里面。

不言之教，无为之益，天下希及之。

按：身教胜于言教。真诚之心，无言胜于有言。以心相通，感而遂通，其力量是不可思议的。高人言少却可令众人服。俗人话多却不中用，即便是话说得对，众人也不信其言。老子指出无为是有益的，而天下只有极少数人能明了通悟其道。

本章老子提出了一个重要概念"无为"。"无为"中包含"无有"。如果不好理解，就先理解"滴水穿石，柔可克刚"。"无为"，"无有"其实有不可思议之无穷无量之功夫与妙用！它是天下最高级的行事方式。无为的力量就是道的力量，是德的力量，是尊重万事万物内在的自然法则！因此有利于天下万事万物及天下百姓的生存与发展。

财富管理与投资视角

投资源于信任。投资非同一般商品交易行为，更不是推销。信任源于多年的事实，俗话说"路遥知马力，日久见人心""疾风知劲草"。投资源于价值信任。真正有价值的无需多言。价值信任实质上是信任经济学。彼此真正信任了，无需言语，无有入无间，其力量无坚不摧。或许这就是最伟大的投资之道，悟道即可成为伟大的投资家。

第四十四章

知足不辱，知止不殆

原文

名与身孰亲？身与货孰多？得与亡孰病？是故甚爱必大费，多藏必厚亡。知足不辱，知止不殆，可以长久。

注释

名与身孰亲？

注：尚名好高，其身必疏。

按：一个人如果总是崇尚虚名，好高而骛远，必然疏远其自身善之本性。

身与货孰多？

注：贪货无厌，其身必少。

按：货，当然指的是物质形态的财货。一个人只会追求身外之物越来越多的时候，相比之下，其自身就会变得很渺小，因为一个人一辈子根本用不了那么多财货之物。巨大财物反倒成为一个人身上的一种压力，甚至可能是一种祸根。

得与亡孰病？

注：得多利而亡其身，何者为病也？

按：一个人获得了过多的虚名和财货之后，却失去了其善良自身的本性，这两者相比哪一种是病态的呢？

是故甚爱必大费，多藏必厚亡。

注：甚爱，不与物通；多藏，不与物散。求之者多，攻之者众，为物所病，故大费、厚亡也。

按：以上讲出贪名图利会遭遇祸害的逻辑。甚爱名，必大浪费。多贪藏财货必积累杀身之祸！这实际上是为人处世的辩证法。

知足不辱，知止不殆，可以长久。

按：以上名与身，身与货，得与亡（失），老子皆为人们举日常生活之事例说明：若心态不正，世界观不正确必然带来祸害；道使然也。所以老子才反复告诫后世之人：知足不辱，知止不殆！试问如此简单道理，世人有多少人能做到！只有自律自省、自强不息之人方可成就大业。人若修之于养生则可以长久长生；人若修之于事业，则可以长久发展壮大！

财富管理与投资视角

老子在第四十四章通过三个反问，让世人认真去反思：如何去面对功名利禄？如何去面对财富？如何理解财富？如果还理解不了这些问题，老子用辩证的思维去引导人们思考：一阴一阳，一正一反，一生一死，一存一亡；只要人们从这个角度去看待这些问题就很容易看透，看破，也容易放得下。回到投资的角度来看：投资，表面上是为了财富，但实际上是，投资是一种人生态度的体现；也是一种人生哲学。要站在这个高度去看明白问题，看透本质，看清本源，再去理解和反思人为什么去投资？为什么要做价值投资，为什么要坚持长期主义就自然明了。"知足不辱，知止不殆，可以长久。"

第四十五章

清静为天下正

原文

大成若缺，其用不弊；大盈若冲，其用不穷。大直若屈，大巧若拙，大辩若讷。躁胜寒，静胜热，清静为天下正。

注释

大成若缺，其用不弊。

注：随物而成，不为一象，故"若缺"也。

按：老子对"大"的理解与今人理解不同，"大"特指"道"，"吾不知其名，字之曰道，强为之名曰大。"（老子第二十五章）所以，此章中的"大"，也可以理解为得道。正因为得"道"了，所以凡人看似有缺陷之成品，但是其运用起来并没有什么弊端。因其"随物而成，不为一象"。下面同理可解。

大盈若冲，其用不穷。

注：大盈（充）足，随物而兴，无所爱矜，故若冲也。

按：得"道"后盈足，但看似虚冲，运用起来却功用无穷，"绵绵若存，用之不尽。"

大直若屈，

注：随物而直，直不在一，故若屈也。

按：道虚致极而后的直，因其无限广大，看似曲屈不在一直线上了。这种现象如果人们在大海观察海平面最容易理解。面朝大海，放眼望去，汪洋大海看起来是多么的广阔平直，但是船只离岸出海远去之后似乎是从水平上落下去，消失了；当船回岸时又从远方水平面缓慢爬升起来了，难道是地面变弯曲了吗？当然不是！这个自然现象其实正说明了"大直若屈（曲）"。

大巧若拙，

注：大巧因自然以成器，不造为异端，故若拙也。

按：大自然往往都是能工巧匠，现实世界上，拙而见巧的大自然作品并不少见。

大辩若讷。

注：大辩因物而言，已无所造，故"若讷"也。

按：以上五个"大"，是从五个方面阐述得"道"的表现特征，老子总是通过辩证思维告知世人真象，让人们破迷开悟。在世间"缺、冲、屈、拙、讷"皆有可能是假象。

躁胜寒，静胜热，清静为天下正。

注：躁罢，然后胜寒；静无为，以胜热。以此推之，则"清静为天下正"也。静则全物之真，躁则犯物之性，故惟清静，乃得如上诸大也。

按：清静复归于朴方可得"道"。

财富管理与投资视角

敢与不敢投资？这里面大有学问。投多投少，怎么配合组合？更有专业层面的知识。但是万事万物万变不离其宗，何谓宗？老子讲复归其根，归根曰静。为什么？"躁胜寒，静胜热，清静为天下正。"这也是祖国医学的理论根源之一。"天人一也，未识天道，焉知人理。""清则浮升，浊则沉降，自然之性也。"（《四圣心源卷一天人解》清黄元御）祖国医学治病伟大之处在治根本。高明的投资顾问、高人的投资策略，在于谋其根本；成功的企业家创业成功胜在谋局！因为他们懂得道在根本，必须在根上下功夫！绝不浮在面上，这真是大智慧！这也应当是财富管理的真谛所在。布施反而功德无量。舍财济困，慈善捐赠，反而会让企业（包括个人）可以承载更大财富！

第四十六章

知足常足

原文

　　天下有道，却走马以粪；天下无道，戎马生于郊。祸莫大于不知足，咎莫大于欲得，故知足之足，常足矣。

注释

　　天下有道，却走马以粪；

　　注：天下有道，知足知止，无求于外，各修其内而已。故却走马以治田粪也。

　　按：万事万物皆有道，知足知止是复归其道的根本修心之法。不贪则无求于外，众人各修其内即可太平无事。所以马还耕田，悠然自得。

天下无道，戎马生于郊。

注：贪欲无厌，不修其内，各求于外，故戎马生于郊也。

按：此处描述了战争的残酷，祸害不仅是百姓人民，连怀孕的母马也是悲惨命运。此为不修正道而纵欲所致之祸害也。所以老子告诫世人：

祸莫大于不知足，咎莫大于欲得！

那么解决的方案是什么？只有"知足之足，常足矣。"

本章综述

老子在四十五章要我们内观心境，清静而后自然明白大道的真相。四十六章接下来老子让我们将视野放宽到天下国家大事。也从"有道"和"无道"，正反两方面去观察天下、观察社会，从而去明白天下大乱根源在于纵欲，因为"祸莫大于不知足，咎莫大于欲得。"

财富管理与投资视角

投资真的是心理学，投资其实就是一种修为的过程，是对有价值生活的追求；投资也是品味有意思的生活的过程。投资并非只是纯粹的经济学行为，同样也是一种生活态度，也可以说是一种修心归正的过程。当历练过，不再关注胜与负，输与赢，复归平静的生活常态，你就成了。因为"祸莫大于不知足，咎莫大于欲得。"纵观全球投资历史，我们都能总结出失败的根源都是贪婪，紧随其后的是恐惧。如果不相信，请阅读一下美国人亨利．克卢斯写的一本书：《华尔街风云50年——亲历者解密华尔街历次大恐慌的真相和金融投资的内幕》。

其实一个人，一生都在"投资"；投资学习，投资生活，投资爱情，投资婚姻，投资理想，投资一切皆要"知足之足，常足矣。"这就应了一句老话："岂能尽如人意，但求无愧我心。"

第四十七章

不行不见，不为之道

原文

　　不出户，知天下，不窥牖，见天道。其出弥远，其知弥少。是以圣人不行而知，不见而名，不为而成。

注释

　　不出户，知天下，不窥牖，见天道

　　注：事有宗而物有主，途虽殊而（同）归也，虑虽百而其致一也。道有大常，理有大致。执古之道，可以御今，虽处于今，可以知古始。故不出户、窥牖，而可知也。

其出弥远，其知弥少。

注：无在于一，而求之于众也。道视之不可见，听之不可闻，搏之不可得，知其知之，不须出户；若其不知，出愈远愈迷也。

按："道"与"一"、"无"同义，道虚玄不可见不可得，而"一"简单明白，易持。"无"则空了直白，易见。如果不明了其根本之道，妄出，则愈行愈迷，愈出愈远离道。因为道不远人，而人远之。

是以圣人不行而知，不见而名，

注：得物之致，故虽不行，而虚可知也。识物之宗，故虽不见，而是非之理可得而名也。

不为而成。

注：明物之性，因之而已，故虽不为，而使之成矣。

解读

老子在这一章里面只尽管讲了三段话，但是用了五个"不"字。人们用常理去思考问题，在老子看来都是不正确的，用了五个否定，圣人不需要这么做。这恰恰符合老子对道的阐释："反者道之动。"实际上老子在这里是想强调内观法，对一个事物的认知和探究，不能仅通过外界简单的观察，很多情况下眼前所见的未必属于真实的，反而眼睛所看到的现象会干扰人们的正确的判断。心理学上是有很多实验证明：人通过眼睛看到的事物往往是错觉。

财富管理与投资视角

　　理性的投资者不盲目自信，但是他们在实践中他们往往是适度的自信。他们更注重内观自我，而不轻易受外界影响。比如投资在市场指数基金（TSM）上，他们往往说9个充满魔力的字，那就是"我不知道，我也不在乎。"有人问哪里会成为未来10年最好的股票市场？"我不知道我也不在乎"，他们都在我的指数基金中。你根本不必枉费心机去考虑哪种股票，或者是哪个行业会变得更好，哪些会变得更坏，这样你就可以通过拒绝打赌而赢得这场预言未来的赌注。美国人贾森．茨威格的这些投资观点与老子四十七章思想不谋而合，值得深思。

第四十八章

为学日益，为道日损

原文

为学日益，为道日损。损之又损，以至于无为，无为而无不为。取天下常以无事，及其有事，不足以取天下。

注释

为学日益，

注：务欲进其所能，益其所习。

按：为学者精进不止，日增其所能。故曰"日益"

为道日损。

注：务欲反虚无也。

按：修心悟道者则返回真朴虚无状态，反而知道用减法生活，清静无为。清清爽爽，轻轻松松，悠哉悠哉。

此两句为辨证思维，"反者道之动"，从增益与减损两个方向思考，其中必能悟道。

损之又损，以至于无为，无为而无不为。

注：有为则有所失，故无为乃无所不为也。

按：上德之人，唯道是用，不德其德，无执无用，故能有德而无不为。下德求而得之，为而成之，……求而得之，必有失焉；为而成之，必有败焉。道法自然，自然平常皆归于无为，为者败之，执者失之，故无为而无不为，大自然皆因循自然之法则而生生不息。

取天下常以无事，

注：动常因也。

按：动，即指"取天下"。常，恒常不变。因，即因物之性，因物之自然，因而不为，故无事。

所以说取天下，当因物自然之性，无为无事，这才是恒常不变的道理。

及其有事，

注：自己造也。

不足以取天下。

注：失统本也。

按：统、本即"无为、无事"。其意是，若失离道之无为、无事之根本，主观人为造事，欲取天下则条件是不充足也是不充分的，一言以蔽之：难也！

财富管理与投资视角

增益源于贪欲，减损则始于专一。"一"即是"道"；得道者无为而无所不为。故取天下常以无事也！财富管理之道在于投资精确而有价值。贵精准而不贵多。因为多则惑，少则得。投资小白很容易不加辨析，全盘接受一种观点"不要把鸡蛋放在一个篮子里"，从而忙于学习各种投资项目，增加各种各样投资标的。然而"祸莫大于不知足"，"及其有事，不足以取天下"。其中玄妙，只有经历过失败的痛苦才能理解："为道日损，损之又损，以至于无为，无为而无不为。"

第四十九章

德善德信，圣人孩之

原文

圣人无常心，以百姓心为心。善者，吾善之，不善者，吾亦善之，德善。信者，吾信之，不信者，吾亦信之，德信。圣人在天下，歙歙焉，为天下浑其心。百姓皆注其耳目，圣人皆孩之。

注释

圣人无常心，以百姓心为心。

注：动常因也。（四十八章注）

善者，吾善之；不善者，吾亦善之，

注：各因其用，则善不失也。

德善。

注：无弃人也。

按："圣人常善救人，故无弃人"（老子第二十七章）

信者，吾信之，不信者，吾亦信之，德信。圣人在天下歙歙，为天下浑其心。（百姓皆注其耳目，）

注：各用聪明。

圣人皆孩之。

注：皆使和而无欲，如婴儿也。

夫"天地设位，圣人成能，人谋鬼谋，百姓与能"者，能者与之，资者取之，能大则大，资贵则贵。物有其宗，事有其主。如此则可冕旒充目不惧于欺，黈纩塞耳而无戚于慢，又何为劳一身之聪明以察百姓之情哉？夫以明察物，物亦竞以其明应之；以不信察物，物亦竞以不信应之。（按：万事万物皆有相对应之道）夫天下之心不必同，其所应不敢异，则莫肯用其情矣。其矣，害之大也，莫大于用其明矣。夫在智则人与之讼，在力则人与之争。智不出于人而立乎讼地，则穷矣；力不出于人而立乎争地，则危矣，未有能使人无用其智力乎己者也。如此则己以一敌人，而人以千万敌己也。若乃多其法纲，烦其刑罚，塞其径路，攻其幽宅，则万物失其自然，百姓丧其手足，鸟乱于上，鱼乱于下。（按：君王若用计太甚，刑法太酷，树敌过多，则天下更难治理）是以圣人之于天下，歙歙焉心无所主也，为天下浑心焉，意无所适莫也。无所察焉，百姓何避？无所求焉，百姓何应？无避无应，则莫不用其情矣。（按：无为而治才是至高治理法）人无为舍其所能而为其所不能，舍其所长而为其所短，如此则言者言其所知，行者行其所能，"百姓各皆注其耳目焉，吾皆孩之而已"。

按：王弼在四十九章末段浓墨重书，洋洋洒洒，全面深刻地阐释了老子的理想国，舒发其政治理想。圣贤君主无为而治，则百姓自然无所不能。君臣无猜，各相安无为，国自太平无事。

解读

老子理想国中得道的圣人是没有私心的。他总是以民心为己心，没有分别心。无论人善良也好，不善良也好，都一视同仁，善待他们，所以才能够引领更多的人向善。可以信赖也罢，不可信赖也罢，都一视同仁，相信他们，所以人们也才会学会守信用。

"圣人无常心"中的"无心"，是指有道的人常常没有私心，没有成见，所以才能够接纳万事万物。

有道的圣人治理天下，时时刻刻都要小心翼翼，收敛自己的欲望与偏见，与民同心，使百姓的心归于真诚质朴，所以圣人格外注意自己的言行举止，因为他知道老百姓的心思眼耳时刻都关注到他的言行举止，因此圣人治理国家，首先自己做到像小孩一样天真、淳朴，那么老百姓的心思才能够回归天真、浑厚与淳朴的状态。

财富管理与投资视角

老子在四十九章讲的圣人心胸格局是伟大的，"信者，吾信之，不信者，吾亦信之，德信"。投资是一种信任经济学。投资人应当要与伟大格局者同行，当然，这种信任是基于符合道与德之上。投资也是心理学。投资什么其实并不是核心点，核心应当是基于信任。投资人通过完整的考察之后，信任一家企业，信任其创办人，才会做出投资的行为。例如孙正义信任马云，张磊信任马化腾的故事；因为投资人一定要明白，投资就是投资人。投资对人，才能投资成功。如果这家公司的创办人是一个没有任何私心杂念，大公无私，对一切人都没有分别心，一视同仁，为大众谋福利的人，他所创办的企业必然是有道德能量的企业，这样的人值得投资。因为这个人所带领的团队也是一群大公无私，无我利他的人，这样的团队做事无论遇到多大的困难，都能够上下同心、同甘共苦，尽心尽力，为大众谋福利，投资这家企业就像投资自己的企业一样。这种投资何惧之有？试问还有什么好担心的呢？

第五十章

出生入死，摄生之道

原文

出生入死。生之徒十有三，死之徒十有三。人之生动之死地，亦十有三。夫何故？以其生生之厚。盖闻善摄生者，陆行不遇兕虎，入军不被甲兵。兕无所投其角，虎无所措其爪，兵无所容其刃。夫何故？以其无死地。

注释

出生入死。

注：出生地，入死地。

生之徒十有三，死之徒十有三。人之生动之死地，亦十有三。夫何故？以其生生之厚。盖闻善摄生者，陆行不遇兕虎，入军不被甲兵。兕无所投其角，虎无所措其爪，兵无所容其刃。夫何故？以其无死地。

注：十有三，犹云十分有三分。取其生道，全生之极，十分有三耳；取死之道，全死之极，亦十分有三耳。而民生生之厚，更之无生之地焉。

按：更，改。这句话的意思是说：太过分看重"生"，弄巧成拙，反而会变成它的相反面即"无生之地。"

善摄生者，无以生为生，故无死地也。

按：其义是，真正善于保养的人，反而不要把生看得太过于重要。"唯无以生为者，是贤于贵生。"（老子七十五章）为证。

器之害者，莫甚乎（兵戈），兽之害者，莫甚乎兕虎。而令兵戈无所容其锋刃，虎兕无所措其爪角，斯诚不以欲累其身者也，何死地之有乎！

夫蚖蟺以渊为浅，而凿穴其中，鹰鹯以山为卑，而增巢其上。矰缴不能及，網罟不能到，可谓处于无死地矣。然而卒以甘饵，乃入于无生之地，岂非生生之厚乎？

故物，苟不以求离其本，不以欲渝其真，虽入军而不害，陆行而不犯，可也。赤子之可则而贵，信矣。（王弼注文）

解读

老子把人分成三种，属于长寿的有十分之三，短命而亡的人，有十分之三，本来会活得长久，却自己走向死亡的人也占十分之三，为什么会这样？因为奉养太过度了，俗话说，话不可说尽，福不可享尽，如果贪欲太多，一味的享乐，则容易短寿，暴毙而亡。

据说善于保护自己生命的人，在陆地上行走，不会遇到凶恶的犀牛和猛虎。在战争中也不会受到武器的伤害。为什么会这样呢？因为他没有又进入死亡的领域，一个人只要戒除贪念，对死亡没有恐惧，谢绝声色名利，就不会把自己置于死地。所以老子认为人活在世上，应该善于避祸害，不骄奢淫逸就可以保全生命长寿，要用清静无为的态度远离死地。

财富管理与投资视角

居安思危是老子辩证思维的智慧。财富管理关乎个人乃至家族财富安全与增长之利害。财富管理者（投资者）一定要明白老子的劝告："祸莫大于不知足"，所以在投资的路上，想要安全保本、长久盈利，而不致于失利陷入死地，必须要修行财道，"涤除玄览"扶正祛邪，端正投资之心。善于避害，不纵欲，戒除贪念，方可远离死地。

第五十一章

道生德畜，尊贵自然

原文

道生之，德畜之，物形之，势成之。是以万物莫不尊道而贵德。道之尊，德之贵，夫莫之命而常自然。故道生之，德畜之。长之、育之、亭之、毒之、养之、覆之。生而不有，为而不恃，长而不宰，是谓玄德。

注释

道生之，德畜之，物形之，势成之。

注：物生而后畜，畜而后形，形而后成。何由而生？道也。

何得而畜？德也。何（因）而形？物也。何使而成？势也。

按：势，指一种巨大的力量。物理学称"势能"，有了巨大势能，万事万事顺势而上，顺势而功成。

唯因也，故能无物而不形；唯势也，故能无物而不成。凡物之所以生，功之所以成，皆有所由。有所由焉，则莫不由乎道也。

按：一切成功之根源皆由道而生发出来。

故推而极之，亦至道也。随其所因，故各有称焉。

按：老子讲出了天地之间万事万物运行之规律，即世人想成就大事业的逻辑关系，一切皆须符合道法自然。其中先后顺序不可错乱，否则不符合道，当然事业也不会成功。

是以万物莫不尊道而贵德。

注：道者，物之所由也；德者，物之所得也。由之乃得，故（曰）不得不（尊）；（失）之则害，（故）不得不贵也。

按：正因为道与德有如此重要的作用，所以世间万物莫不尊敬大"道"，进而也珍贵于"德"性。若失之，则百害无一利。

道之尊，德之贵，夫莫之命而常自然。故道生之，德畜之：长之、育之、亭之、毒之、养之、覆之。

注：（亭谓品其形），（毒）谓成其（质），各得其庇荫，不伤其体矣。

按：亭，人所安定也。亭有楼（《说文解字》）。古代设在路旁的公房，供旅行客人停留休息之用。另外还有养育、适中、均衡的意思。在这里应该指的是事物生长发育，壮大至停留阶段。毒，厚也，害人之草，往往而生。(《说文解字》)，在这里应当指的是事物发展到成熟的阶段。覆：指的是翻转、倾倒，引申为覆灭消亡的意思。

长、育、亭、毒、养、覆，此六者皆指万物发展自然兴衰过程。也指世间万物发展的循环与轮回。

生而不有，为而不恃，

注：为而不有。

按：道虽然生育长养了万事万物，却从不居功自傲。

长而不宰，是谓玄德。

注：有德而不知其主也，出乎幽冥，(是以故)谓之玄德也。

按：道虽然导引它，成就万事万物，但是却从不主宰它。这就是玄妙而伟大的德性。

解读

老子在五十一章讲述的"道德"和万物的关系。"道"创造生发出万物，"德"则蓄养了万物，因此万物应当遵道而贵德。然而道尊德贵的地位并不是讨来的，而是因其尊重万物的本性，从来不加干涉，自然而然形成的。

万事万物在道的呵护下生长发育、开花结果，使万事万物得到抚养和保护，而道却不去讨要功劳，更不会把万物据为己有。

　　万事万物都应当尊崇和敬畏大"道"、守住保存其"德"性；这不是因为它处于主宰者的地位，也不是道的刻意安排。这其中就体现了伟大而深远玄妙的"德"。

财富管理与投资视角

　　投资是对财富的管理。财富的生发必有其道，俗话说得好：生财有道。"道"是生发万种事物的根本起源。财富生发之后如何成长增值？这是投资者最关心的事。成功的投资是让财富有承载力、延续力；这里面最需要有"德"；"德"是对"道"的保护承载、储畜养生。因为"道生之，德畜之"。老子在本章中反复强调了两次，在一章中两次重复这句"道生之，德畜之"，显然老子是想提醒我们，五十一章这个核心内容非常重要！这两者的关系明了，才能明了成功的事业（包括成功的投资）是怎么样来的？"生而不有，为而不恃，长而不宰，是谓玄德。"这正是学习《道德经》可成就大事业（包括投资事业）的根原所在。因为"执古之道，以御今之有。"

第五十二章

修行归明、是为习常

原文

天下有始，以为天下母。既得其母，以知其子；既知其子，复守其母，没身不殆。塞其兑，闭其门，终身不勤。开其兑，济其事，终身不救。见小曰明，守柔曰强。用其光，复归其明，无遗身殃；是为习常。

注释

天下有始，以为天下母。

注：善始之，则善养畜之矣。故天下有始，则可以为天下

母矣。

既得其母，以知其子；既知其子，复守其母，没身不殆。

注：母，本也。子，末也。得本以知末，不舍本以逐末也。

按：老子告诫人们，应当明了天地道法自然的根本，以善为基，不可舍本逐末。

塞其兑，闭其门，

注：兑，事欲之所由生。门，事欲之所由从也。

终身不勤。

注：无事永逸，故终身不勤也。

按：安逸则不再劳苦。原因在于塞封闭住人做事所产生出来的贪欲，故不再从事无益之劳作。

开其兑，济其事，终身不救。

注：不闭其原，而济其事，故虽终身不救。

按：世上本无事，庸人自扰之。此为禅定后方可以明了之智慧。而凡人不闭其贪心，济事扰乱，则终身劳而不可救也。

见小曰明，守柔曰强。

注：为治之功不在大，见大不明，见小乃明。守强不强，守柔乃强也。

按："反者道之动，弱者道之用。"大易障目，小则明了。于细微之处着手才能明白成功的秘诀，因为细节决定成败。什么是强大？刚强并不强大，只有守住了柔弱才能够强大。静而后能守，守而后能藏。知己知彼，百战不殆。柔弱胜刚强，自然之道也。

用其光，

注：显道以去民迷。

按：道在外称为"光"。道在人心则称为"明"。正如佛法是"光明如来"一样，于外修行，于内明心见性。

复归其明，

注：不明察也。

无遗身殃，是为习常。

注：道之常也。

按：如果能让大道的光照进人心，从而产生内在的觉明，这样将不会给身体带来灾祸，这便是道之恒常而伟大作用！

本章综述解读

如果说老子在第五十一是想告诫人们一定要重视道和德的作用，因为"道生之、德畜之、物形之、势成之。"那么接下来这五十二章老子就会告诉弟子们如何去修行道和德的方法："塞其兑，闭其门，终身不勤。开其兑，济其事，终身不救。见小曰明，守柔曰强。用其光，复归其明，无遗身殃，是为习常。"

财富管理与投资视角

万事万物一如天下有始之道，不可舍本逐末。从财富管理与金融投资角度看，在坚持长期主义的道路上，始终要明白"小"与"大"，"弱"与"强"的辨证法。一切都可能会变化。如果找错方向，转而向形而下的外物及知识层面去求，将不会成功。这是投资心法。要获取心法，必须用心修行。如何修行？老子已经告诉了我们方法："塞其兑，闭其门，终身不勤。开其兑，济其事，终身不救。见小曰明，守柔曰强。用其光，复归其明，无遗身殃，是为习常。"人们常常问投资之神巴菲特成功的秘诀是什么？他给世人的答案就是"专注"！专注使他拥有强大的力量。这种专注力需要在内观自性中获取，当我们"塞其兑，闭其门"获取了"道"的巨大能量，就能够明辨一切是非，就能够躲避一切灾祸。在财富管理与投资之路上还愁不会顺风顺水？因为一切皆"习常"。

第五十三章

大道甚夷，而民好径

原文

使我介然有知，行于大道，唯施是畏。大道甚夷，而民好径。朝甚除，田甚芜、仓甚虚。服文彩，带利剑，厌饮食，财货有馀，是谓盗夸。非道也哉！

注释

使我介然有知，行于大道，唯施是畏。

注：言若使我可介然有知，行大道于天下，唯施为（之）是畏也。

按：老子是大明白之圣人啊，他早就知道，后世之人在修行之路会出现各种问题，所以在这一章里面开篇就特别告诫后人。"我（老子）最害怕和恐惧的事情是在施行的过程啊！（下文详谈最可能会出现之祸患）"

大道甚夷，而民好径。

注：言大道荡然正平，而民犹尚舍之而不由，好从邪径，况复施为以塞大道之中乎？故曰"大道甚夷，而民好径。"

按：这里说出了一种人们常有的心态，明明上山顶的大道是平坦而正直的，但是人们在大路上走着走着就想走更近的小路，想去走那种歪邪小道。因为心里面都在想，大路虽然大而直但是太远了，我看旁边好像有一条小路也能爬上山顶，我就要抄近路，明知是歪道，即便有有蛇虫猛兽出没也全然不顾，铤而走险！

朝甚除，

注：朝，宫室也。除，洁好也。

田甚芜，仓甚虚。

注：朝甚除，则田甚芜，仓甚虚。设一而众害生也。

按："设一"指朝甚除。"众害"指田地荒芜，仓库空虚。

服文彩，带利剑，厌饮食，财货有馀，是谓盗夸。非道也哉！

注：凡物，不以其道得之，则皆邪也。邪则盗也。夸而不以其道得之，（盗夸也，贵而不以其道得之），窃位也。故举非

道以明，非道则皆盗夸也。

按：老子举了许多例子，指出这些行为根本就不符合"道"，即"盗夸"也。

解读

假使我（指老子）对世界有了新的认知，行走在大道上，唯独让我害怕和恐惧的是什么呢？那就是走上了歧路，大道本身是非常的平直的，但是人们却往往舍弃大道，贪小便宜，总想走捷径小路，但是当人的心思一旦走上了歧途，朝政就会荒废，田地就会荒芜，仓库就会空虚，而为政者却还穿着华丽的服饰，佩戴着锋利的宝剑，山珍海味因吃得过多了而生厌倦，为政朝庭侵吞了民间大量的财物，这其实是强盗贼首做法。以上这些岂不是违背了天道吗？

本章综述

老子在第五十二章讲的是修行。修行的方法已经明明白白告知了世人，但是老子更清楚世人的心态，所以在第五十三章特别的告诫后人一定要明白：修行之路一定要走大道，切莫走上歪邪之路。一旦上了邪道可能万劫不复啊！

财富管理与投资视角

投资学上失败只有两个原因，一个是贪婪，一个是恐惧。

投资是大道，姑且把它看成是一条长期主义的"大道路"，而投机者却不能够忍受长期的寂寞，在"贪婪之心"影响下，往往经受不起"小道路"的诱惑，从而选择走偏斜路径，"斜，邪也"，走上邪路，而在这一条看似捷径的邪路上，随时有蛇虫猛兽之攻击，"恐惧之心"影响之下，诚惶诚恐，岂能胜算？

第五十四章

善建不拔，善抱不脱，
修身德长，以观天下。

原文

善建者不拔，善抱者不脱。子孙以祭祀不辍，修之于身，其德乃真，修之于家，其德乃馀。修之于乡，其德乃长，修之于国，其德乃丰。修之于天下，其德乃普，故以身观身，以家观家，以乡观乡，以国观国，以天下观天下，吾何以知天下然哉？以此。

注释

善建者不拔，

注：固其根，而后营其末，故不拔也。

按：当根深蒂固之后，任何狂风骤雨都很难撼动这颗大树的地位。君不见，那些百年以上的大榕树，哪怕它的树干长在无土旧老城墙之上，而它的根却可以布满并渗透入到墙脚地下之深层土地，历经数百年沧桑风雨却屹立不倒。

善抱者不脱，

注：不贪于多，齐其所能，故不脱也。

按：老子在五十四章回应了五十三章对后人的告诫，要行走在大道之上，善抱者是不会脱离正道，而去走邪道的。因为他不贪心。为何他能不贪？因为他善于守固根本。

子孙以祭祀不辍。

注：子孙传此道，以祭祀则不辍也。

修之于身，其德乃真；修之于家，其德乃馀；

注：以身及人也。修之身则真，修之家则有馀，修之不废，所施转大。

按："转"，《集注》本作"博"。本句的意义是强调修身的意义是重大的，于自己或家庭都具有博大而深远的价值。

修之于乡，其德乃长；修之于国，其德乃丰；修之于天下，其德乃普。故以身观身，以家观家，以乡观乡，以国观国。

注：彼皆然也。

按：修行大道于身、家、乡、国都是一样重要的。

以天下观天下。

注：以天下百姓心，观天下之道也。天下之道，逆顺吉凶，亦皆如人之道也。

按：天、地、人，是一个整体。不知天，安知人？不顺天，安能顺治天下之人？

吾何以知天下然哉？以此。

注：此，上之所云也。言吾何以得知天下乎？察己以知之，不求于外也。所谓不出户以知天下者也。

按：身外大宇宙，身内小宇宙。善察内在小宇宙之躯，即可察知外在之大宇宙环境。这一点在中医养生学上是体现得很透彻的。"夫五运阴阳者，天地之道也，万物之纲纪，变化之父母，生杀之本始，神明之府也。可不通乎？"（出自《医宗金鉴》编辑运气要决·卷三十五）

财富管理与投资学视角

从财富管理与投资学的角度去理解，本章具有重要的借鉴意义。因为任何一家企业就像一个大宇宙，企业是由企业家所创立的，企业家就如同是小宇宙。创办人作为一个个体的人，他会决定着整个企业的发展方向，关乎企业的兴衰成败。你要投资这个企业，首先投资的是这个创办企业的人，所以必须要了解他的思想，他的情怀乃至他的修行与品德。

投资哲学与反思

我们学两千五百年前的《道德经》，与现代的社会经济生活有没有关系呢？答案是有的，"执古之道，以御今之有"，这是《道德经》里面很重要的一个观点，因为天道无所不在，道是没有形状的，所以"道"才是一切万物生化之根源。人类经济活动也是如此，那么我们的经济生活中最常见的一个经济行为，就是个人资产的投资，资产如何进行投资分配，这是人们比较关心的一个财富管理问题。但是俗话说"投资有风险，入市顺谨慎！"罗伯特清崎在《富爸爸投资指南》一书里面指出"人们常常感叹投资有风险，实际上有风险的是投资者。"

那么有些投资者为什么会成功呢？为什么有些投资者却失败呢？老子说"善建者不拔，善抱者不脱"，老子的智慧高明就在这里，所谓"大道至简"，为难于易，为大于细，即要立足于根本，比如巴菲特的价值投资论。那么我们中国有没有价值投资论？答案就在二千五百年前老子著的这一本《道德经》。细品《道德经》的智慧，给我们一个启示，凡遇事一定抓住其的根本，投资行为也是一样，投资决策前就一定要考察投资的核心是什么，你为什么要投资？投资为了什么？你要思考清楚这点再去进行投资标的的分析，你这时候才能抓住根本，不能随波逐流。而要认真理性去考察这家上市公司，其股票及股市的基本面。更重要的是要考察这个企业本身的运行规律，它是不是真正是一家伟大的公司？这个公司是不是真正在创造价值？这家企业的未来价值在哪？它是不是经历过时间的考验？投资决策前要做全面证辨分析，而不能跟随某些市场流行的虚空的概念，跟随大众的观点去捕捉某些小道消息。如果这个企业不是一个伟大的企业，就像巴菲特所说的，"如果你不想持有一只股票十年，那么你一刻也不要持有它。"换句话来说，你必须要对这个公司十年以上的历史要做一个判断，不能够短视，急功近利。先搞明白这家企业发展的根本逻辑和根本的动力，然后你再做价值判断，一旦判断清楚了，你就只需要跟随这家伟大企业的成长，你可能就会享有这家伟大企业成长发展之后所带来的红利。

另一个角度看，投资就是投资人。一定要认真的考察企业的创办人，他的人品是怎么样？他是不是圣贤之人？这很重要，品行决定了未来。"路遥知马力，日久见人心。"这时候如果学习了《道德经》，用《道德经》的智慧去审视这个企业的创办人，他是不是真正有德行，他是不是真正得到了道（商道）？是不是真正讲诚信，履行过自己的承诺？这是投资人的核心考察要点。对，你是投资人，那么他就是你要投资的人。投资就是投资人，要投资有德行的人，投资一定是把你的资产给你信得过的人管理，托付给他管理你的资产，让你的资产真正是第一"安全"、第二"增值"。这才可能做对了价值投资，实现投资的预期价值！反之则风险巨大，再高的利益摆在面前，也不能去触碰，谨记：诱惑越大风险越大！

第五十五章

厚德知常，物壮则老

原文

含德之厚，比于赤子。蜂虿虺蛇不螫，猛兽不据，攫鸟不搏。骨弱筋柔而握固。未知牝牡之合而全作，精之至也。终日号而不嗄，和之至也。知和曰常，知常曰明，益生曰祥，心使气曰强。物壮则老，谓之不道，不道早已。

注释

含德之厚，比于赤子。蜂虿虺蛇不螫，猛兽不据，攫鸟不搏。

注：赤子，无求无欲，不犯众物，故毒（蟲螫）之物无犯（于）人也。含德之厚者，不犯于物，故无物以损其全也。

骨弱筋柔而握固，

注：以柔弱之故，故握能周固。

未知牝牡之合而全作，

注：作，长也。无物以损其身，故能全长也。言含德之厚者，无物可以损其德、渝其真。柔弱不争而不摧折，皆若此也。

疏："合"字：帛书乙本为"会"字。"全"字：汉墓帛书甲乙本为"脧"字。"作"字：帛书乙本为"怒"字。

精之至也。终日号而不嗄（sha\）

注：无争欲之心，故终日出声而不嗄也。

按：说明婴孩的精力旺盛无比。

和之至也。知和曰常，

注：物以和为常，故知和则得常也。

按：精神足，和气盈满皆用婴孩做比喻。以上这几句实际是老子对道的赞喻。

知常曰明，

注：不皦不昧，不温不凉，此常也。无形不可得而见，故曰知常曰明也。

益生曰祥，

注：生不可益，益之则夭也。

心使气曰强。

注：心宜无有，使气则强。

按：在修心的过程中，当心境调和至空灵、虚空、无有状态的时候，此时心境为专气至柔，反而会产生强大有力的能量。因为"柔弱胜刚强"。

物壮则老，谓之不道，不道早已。

按：这是自然法则。生物发展到壮年必然会转向衰老。当我们观察太阳的每日运行规律，就会发现，太阳早晨从东方升起到正午之后必然向西方下降；说明此时辰一过，太阳的照射力已经开始衰弱了，气温应当下降；但是这似乎与人之所见所感并不符合。我们再举一例子，当在台风来临之前，人们会感觉特别的炎热，闷热到极点，此时老子说"物壮则老"，而此刻人们并不一定相信。但之后数小时突然转变为狂风暴雨，台风猛烈袭来，气温骤降。所以老子说，这种看似不符合人们常理的现象，由来已久，自古如此。早就是这样了，只是你没有察觉而已。

此句，王弼并未注释。后人理解各自圆其说。本人仅从另一种思维方向的进行反思推理。

解读

老子把厚德的人比作赤子（婴儿）。若初生婴儿，元气醇和，无思无虑，毒虫见之不刺，猛兽见之不扑，恶鸟见之不抓。虽骨嫩筋柔，握持却很牢固。不知男女交合之事，阳物却常勃起，这是因为他元精、元气、元神极为充沛。他终日哭叫却声不哑，皆因先天元气醇和之故。所以有厚德的人是合于道的：无知无欲、朴实自然、生命力旺盛、和气盈满。不合于道，则德薄，而过早衰败消亡。

知道了阴阳平衡，元气醇和，就叫作"常"。"常"，指"和""静""复命"。知和曰常，指有厚德之人能悟阴阳之气平和而宁静。知常曰明，知常悟道之人则可明了万事万物之规律。

当万事万物到了最高发展阶段，就应当警惕了。如不合道，则物极必反，走向衰亡。

财富管理与投资视角

老子在五十四章讲了"修德"的重要性，接下来五十五章是讲"厚德"的重要性。《象》曰："天行健，君子以自强不息。地势坤，君子以厚德载物。"（出自《周易》）厚德的人如新生婴儿，虚静柔弱，没有贪心。厚德的人精气神充，内在的气息和谐。一个善于管理财富人，当然是有厚德的人。去除贪欲，复归常明，心气祥和。投资人必须要这样去修炼心性，才能承载更大的财富。反之，如果不按照生命的自然规律去做事，贪生、纵欲，这样的人是得不到好结果的。因为他们身体过早消耗掉了；逞强好胜，过早耗散精气，就会过早衰老，甚至折寿。人没了，财富多少又与他有何相关？由是内观，物极必反，"物壮则老"，这是老子启发我们的大智慧。

第五十六章

和光同尘，天下玄同

原文

知者不言，言者不知。塞其兑，闭其门，挫其锐；解其分，和其光，同其尘，是谓玄同。故不可得而亲，不可得而疏；不可得而利，不可得而害；不可得而贵，不可得而贱，故为天下贵。

注释

知者不言，

注：因自然也。

言者不知。

注：造事端也。

按：俗话说"祸从口出，言多必失"，皆因造口业之致事端发生也。

塞其兑，闭其门，挫其锐；

注：含守质也。

按：守质乃涵养、守藏、质真，归朴也。

解其分，

注：除争原也。

和其光，

注：无所特显，则物无所偏争也。

按：和则无争。

同其尘，

注：无所特贱，则物无所偏耻也。

按：同则无执，无执则不失偏。

是谓玄同。故不可得而亲，不可得而疏；

注：可得而亲，则可得而疏也。

按：无偏无执，则不分亲疏。

不可得而利，不可得而害；

注：可得而利，则可得而害也。

按：无求无欲则无利无害。

不可得而贵，不可得而贱，

注：可得而贵，则可得而贱也。

按：无得无失则无贵无贱。

故为天下贵。

注：无物可以加之也。

按：故天下莫不尊道而贵德也。

解读

本章老子告诉我们，得到道的人的最高境界是"知者不言"，有智慧人得了大道成为智者，他不会乱说话，也不会多说话，而"言者不知"的人则是到处说长道短，到处乱说话，造成各种矛盾，这样的人不是智者。要塞住能够产生欲望的孔窍，关闭所有产生欲望的门户。挫掉这种人的锋锐，使其不露锋芒，消除他们纷争，调和他们的光辉，混同他们的尘世，能够做到这一点，就能够达到玄妙齐同，达到深奥的平等的大境界。得到了道的人会如何表现呢？他将表现出超脱亲疏、利害、贵贱，必将得到天下人的尊重。

财富管理与投资视角

财富管理之道贵藏守而不张扬。"国之利器不可以示人"。道隐无名，常无欲，以观其妙。知者，同智慧者，其高明之处是无欲而不言，故知者不言。反观多言必失，因为言者不知。古人云"祸从口出"，道理一也！守财之道亦同理。修之于心方可得道；得，德也。唯有不言方可"和其光、同其尘"。只有"知者不言"才无亲疏、利害、贵贱之别，从而天下尊财而富贵。综观世界上的富豪们，其实我们可以发现他们对财富的理解，并不像普通人那么的看重，他们反而是看淡财富。当媒体采访他们的获取财富秘诀的时候，他们谈论最多的并不是财富本身，而是人生的哲学，例如稻盛和夫哲学《活法》等等，这些大智慧正是他们获得大财富的根本。很多人将投资当作"术"去研究、学习，其实反观世界上投资家成功秘笈皆用"道"，他们成功的法宝都可以称为投资哲学，即"道"的高纬度能量在起决定性作用。

第五十七章

以无事取天下

原文

以正治国，以奇用兵，以无事取天下。吾何以知其然哉？以此。天下多忌讳，而民弥贫；民多利器，国家滋昏；人多伎巧，奇物滋起；法令滋彰，盗贼多有。故圣人云，我无为而民自化，我好静而民自正，我无事而民自富，我无欲而民自朴。

注释

以正治国，以奇用兵，以无事取天下。

注：以道治国则国平，以正治国则奇（兵）起也。以无

事，则能取天下也。上章云，其取天下者，常以无事，及其有事，又不足以取天下也。故以正治国，则不足以取天下，而奇用兵也。夫以道治国，崇本以息末；以正治国，立辟以攻末。本不立而末浅，民无所及，故必至于（以）奇用兵也。

吾何以知其然哉？以此。天下多忌讳，而民弥贫；民多利器；

注：利器，凡所以利己之器也。民强则国家弱。

人多伎巧，奇物滋起；

注：民多智慧，则巧伪生；巧伪生，则邪事起。

法令滋彰，盗贼多有。

注：立正欲以息邪，而奇兵用；多忌讳欲以耻贫，而民弥贫；利器欲以强国者也，而国愈昏（弱）多。皆舍本以治末，故以致此也。

故圣人云，我无为而民自化，我好静而民自正，我无事而民自富，我无欲而民自朴。

注：上之所欲，民从之速也。我之所欲唯"无欲"，而民亦无欲而"自朴"也。此四者，崇本以息末也。

按：四者即"无为、好静、无事、无欲"也。修心唯此四者，可复归于母，即得（德）道之根本也。

解读

用端方正直之法治理国家，但用兵则相反，必用诡秘怪异之法征战方可胜敌。要取得天下，则须安分守己、不扰乱、不危害庶民。只有这样，人民才能安居乐业、四海宁静、天下太平。我（老子）为何能知以无事可取天下太平呢？根据如下：天下如果忌讳的东西越多，老百姓越贫穷；百姓手中如果有过多锋利的武器，国家就会出现混乱和不安定的局面；老百姓有过多的技巧，那么歪风邪气就会增长；法律如果过严，盗贼反而越多。所以，得自然之道的圣人，取法天地生长万物的自然无为之德，不徇私，顺乎天理，应乎人心，不作不为以感化天下民众，民众皆安居乐业而自化。人君不好事，不妄为，不劳民力，不妨民事，民则丰衣足食，富贵起来。人君能做到少欲知足，百姓就自然淳朴。

财富管理与投资视角

本不立而末浅也。财富管理即治财也。治财有道，如同治国；格局放大，如同取天下。财有大有小，一人之小财，或一家之中财；大至一国之财，更拓展广大至天下（全球）之大财。所以我们应当清楚，以道治国则国平，以正治国则奇（兵）起也；这需要智谋才略。以无事，却能取天下也；这才是最高层次的治理。民多利器，实际上指治财者，多用利己之器，因其处处存利己之心。人多伎巧，奇物滋起。巧伪生，则邪怪之事起，如此治财，焉能不出事？财喜静不喜动。投资之道，亦在于复利加长期持有，不乱动，自然化生百千万倍收益。故圣人云，我无为而民自化，（意为财富亦自然化生而来）我好静而民自正，我无事而民自富，我无欲而民自朴。治财、投资，尊崇其本则自化而生，切忌舍本治末，否则恐将一事无成。

第五十八章

祸福孰知，正复为奇

原文

其政闷闷，其民淳淳；其政察察，其民缺缺。祸兮福之所倚，福兮祸之所伏。孰知其极？其无正？正复为奇，善复为妖，人之迷，其日固久。是以圣人方而不割，廉而不刿，直而不肆，光而不耀。

解读

政治清明，老百姓就淳朴而忠诚，而当政治黑暗的时候，百姓就变得狡猾和抱怨。灾祸往往依托在幸福里面，而幸福之中往往又潜伏着灾难，所以叫福中有祸，祸中有福，有谁能够知道究竟是灾祸还是幸福呢？灾祸和幸福并没有确定的一个标准。正直的忽然间可以变为邪恶的，而善良的忽然之间也会转变成为恶毒的。人们的迷惑由来已久。所以古时候得道的圣人方正而不生硬，有棱角但不刺伤人，直率而不放肆，光明而不刺眼。

注释

其政闷闷，其民淳淳；

注：言善治政者，无形、无名、无事、无政可举。闷闷然，卒至于大治。故曰"其政闷闷"也。其民无所争竞，宽大淳淳，故曰"其民淳淳"也。

其政察察，其民缺缺。

注：立刑名，明赏罚，以检奸伪，故曰"（其政）察察"也。殊类分析，民怀争竞，故曰"其民缺缺"。

祸兮福之所倚，福兮祸之所伏。孰知其极？其无正？

注：言谁知善治之极乎？唯无可正举，无可形名，闷闷然，而天下大化，是其极也。

按：以上是对两种管理模式的判断和价值分析。表面上看浑浑沌沌无为的管理，但是民风却淳朴，而表面上看来，有律法严刑制度下的管理模式，却导致民风缺失。谁知道哪一种管理模式是善治之极？恐怕只有那种无形无名浑然闷闷的管理模式，却令天下自然大化才是善极管理吧？

正复为奇，

注：以正治国，则便复以奇用兵矣。故曰"正复为奇"。

善复为妖，

注：立善以和万物，则便复有妖之患也。

人之迷，其日固久。

注：言人之迷惑失道固之矣，不可便正善治以责。

是以圣人方而不割，

注：以方导物，舍（令）去其邪，不以方割物。所谓大方无隅（见老子第四十一章）。

廉而不刿，

注：廉，清廉也。刿，伤也。以清廉清（导）民，（令去其邪），令去其污，不以清廉刿伤于物也。

直而不肆，

注：以直导物，令去其僻，而不以直激（拂）于物也。所谓"大直若屈"也（见老子第四十五章）。

光而不耀。

注：以光鉴其所以迷，不以光照求其隐慝也。所谓"明道若昧"也（见老子第四十一章）。此皆崇本以息末，不攻而使复之也。

按：以上四个不（不割、不刿、不肆、不耀），老子是要提醒我们从相反的对立的角度去反思，辩证地去理解最理想的管理模式，并不是常人所直接看见的管理模式。其中是有玄妙和智慧的。

财富管理与投资视角

"祸兮福之所倚，福兮祸之所伏。"这是老子对于万事万物的辩证思维，对于做任何事情都是有启发的，因为任何事情都不可以偏颇判断。财富管理亦如此。有些投资在某一段时间里面看似不太理想，甚至表现很糟糕，但是只要它价值是存在的，从长远的时间看，这种投资其实一直在增值的。正如股神巴菲特的投资，在过去的三十、四十年期间他所投资的股票起起伏伏，也很正常，最终他总财富一直是在增长的，乃至于成为掌控世界财富的寡头。现在就连与巴菲特共进午餐也能拍卖高达1.2亿美元。格局放大，坚持自己的价值观，从不轻易按常人的思路去做事，更不会随便被别人的看法所左右。这就是巴菲特的性格，也是他的人生价值观。"祸兮福之所倚，福兮祸之所伏"，以道观之，心态平和，一切都在常态之中，财来财去皆有道。

第五十九章

重积德无不克，长生久视之道

原文

治人事天莫若啬，夫唯啬，是谓早服。早服谓之重积德，重积德，则无不克，无不克则莫知其极，莫知其极，可以有国，有国之母，可以长久。是谓根深、固蒂，长生久视之道。

注释

治人事天莫若啬，

注：莫若，犹莫过也。啬，农夫。农人之治田，务去其殊类，归于齐一也。全其自然，不急其荒病，除其所以荒病。上承天命，下绥百姓，莫过于此。

按：老子举了个例子，就像农民在治理田地，种稻谷或者种菜其中道理是一样的，必须先从根本上去把土地整理完毕，去除杂草，施上肥料；而不是急急忙忙的直接就在未开荒的土地上播种稻谷或者种菜，其实在未经过施肥的荒地上种植庄稼收成肯定是不会理想的，若遇上天灾、干旱、雨涝、病虫害，庄稼遭毁坏，根本颗粒无收。

夫唯啬，是谓早服。

注：早服，常也。

早服谓之重积德，

注：唯重积德，不欲锐速，然后乃能使早服其常。故曰"早服谓之重积德"者也。

重积德，则无不克，无不克则莫知其极，莫知其极，

注：道无穷也。

按：重积厚德可以载物。这是符合道法的，故无所不克。而道是无形、无穷、无尽，自然莫知其穷极。

莫知其极，可以有国。

注：以有穷而莅国，非能有国也。

按："莅"，古无此字，《说文》作"隶"。即为临、治之意。

有国之母，可以长久。

注：国之所以安，谓之母。重积德，是唯图其根，然后营末，乃得其终也。

是谓根深、固蒂，长生久视之道。

解读

五十九章实际上是讲治理百姓以及个人的修身的问题。那就需要养性，养足精力，爱惜自己的精气神。什么是早服？"早服谓之重积德，重积德，则无不克，无不克则莫知其极"，所以要早做准备，换句话来说，叫广积善德。也就是说你要做事业，不能临时抱佛脚，一定要平时积累，只要不断的广积善德，结果一定可以做到"无不克"，如若做到"无不克"，则其力量将会变得无穷大，以至于可以担当的起一个国家的重任，就可以成为治理国家的君主。因为他已经明了治理国家的根本原理，所以他所治理的国家就可以长治久安，因为他把一个国家的根基做稳固了，不轻易动摇了，这是符合长久之道的。

此章老子强调，无论治理国民或事奉上天，须心地统一、真诚不妄，素养重积浑厚之德，以此为本，则民无不顺，事无不理，国无不治，且稳固长久。

感悟

《道德经》五十九章非常重要，老子一直提示我们一定要"重积德"，就是要提早准备，即五十四章所提到的一个观点，老子要求我们凡是做事都要回到根本，即"善建者不拔，善抱者不脱"，那么在这一章里面，他又叫我们重积德，即修行必须要回到根本，因为"重积德则无往不克"。这就是老子给我们一个很深刻的开示，我们如果要做大事一定要先把根本功夫做好做足，而且是提前做，切不可临时抱佛脚，因为这个"重积德"是一个动态的长期的过程。在中国传统文化教育思想里，教育培养的目标或者是教育的本质，是培养下一代人成为圣贤人，所以必须重积德，从积德的教育开始，这种教育是根本性教育，是贯穿一个人的终生教育，而不仅仅是一次选拔性考试（应试教育），也就类似现代教育学所提倡的素质教育。由此我们发现，中国人传统教育里有一个非常重要的根基在里面，即从小就开始读经典，所谓"蒙以养正"。经典就是古圣先贤所积累的这些德行（智慧），从小就灌输传播给下一代，孩童首先无条件的或者说全盘的把它吸收，把文化根脉根源培正。在中国的书法教育里面体现得非常的明白，学书法（古人的写字日课）必须重视一横一竖最简单的基本功练习，必须从临摹古人的经典字帖开始。历史上从没有出现一个人天生一拿起毛笔就会写字，而且写的和王羲之的字一模一样或者公认很漂亮的字。可能儿童在读古圣经典的时候不一定明白文章的含义；但是需要先把它吸收，把儿童文化根基培养好，等成年乃至壮年、老年后才慢慢就能够理解吸收，使用的时候方可左右逢源。譬如我们当代人读《道德经》五千文言，刚开始觉得好像比较困难，但是循序渐进，重复学习就可以读懂了。读《道德经》要需要用时间去沉淀，要慢慢读，慢慢去品。一年三年五年十年，甚至用一生去品读。同样是读诵《道德经》的八十一章，每当再一次去重读的时候，感觉每一次都会提升自己的认知。如果你去用心去阅读再诵读并且去理解，当然同时结合自己的人生经验，以及自身从事的行业，或者你所思索的困惑的问题，带着问题去阅读，每一次读的感悟就会不一样；因为"德"已经在此过程中积累、培育了，当德行培育好之后，就会无往不克，因为你得（德）道了。它就能解决困惑你的一切问题。其中蕴藏着老子告诉我们的大智慧与大能量。我们一定要明白"德"是用来承载天道的。因为"天行健，君子以自强不息，地势坤，君子以厚德载物"，《道德经》上部道论为本体，指出天道是自然运行的规律，它是无形的，它是看不见的，它是摸不着的，可是它的力量是无穷的，所谓"无之以为用，有之以为利"，"为无为乃至无所不为"。所以我们中国哲学和西方哲学，如果说做一个分辨的话，差异在哪？有日本学者提出，东西方哲学从本质上区别的话，其实就是西方是讲"有"，而东方的智慧是讲"无"。这个"无"是什么，其实就是"重积德"，这个"无"可以生出"有"，"无，名天地之始，有，名万物之母"，这个"重积德"是用来承载天道的，人们如果明白这个天道，就知道重积德的重要性，因为当一个人很早就进行了准备，他从小就开始积德了，重积德之后才能厚积薄发，"大音稀声、大象无形、大器晚成"，所以他便可以真正成就大的事业，所谓"根深固蒂，长生久视之道"。唯有如此，把"德"铺垫好，一个人才能成长，才能够做大事！不但能够做大而且可以做久！这是现代做企业的人经常要反思的问题，企业家能不能把企业做大？把企业做大了之后能不能做长久？这两个问题是困扰着现代企业家的一个很大的问题，当我们读了《道德经》就会发现，老子早就告诉我们，如果坚持"重积德则无往不克"，即当企业家重视培育根本的时候，一定可以把事业做大，并且可以把它做久，这就是老子给后人非常重要的开示。如果我们明了其中之智慧，悟到其中蕴藏着玄妙无穷的能量，做任何事业没有做不成的。

财富管理与投资视角

"治人事天莫若啬"。中国五千年文明史，基础是以农为本，以务农治田为主，并以此理治民生。现代人讲财富管理即治财，其中财道亦同此理。务农种地需要做一系列准备工作，"务去其殊类，归于齐一也"。先做好做完整准备工作，顺其自然，不急。在天时地利之下，一切顺应自然规律，丰收是水到渠成之事。当然老子也讲清楚条件是"夫唯啬，是谓早服。（早服，常也。）早服谓之重积德，重积德则无不克。"治财之道也称为理财之道，你不理财，财不理你！怎么理？重积德！"重积德，是唯图其根，然后营末，乃得其终也。"（王弼注）唯有如此，"是谓深根固柢，长生久视之道"。财富管理的核心是让其稳健而后增值，长长久久发大财，所以我们要回归根本，重在积德！无德即无法承载，再大的财富也与你无缘。反观天下真正大富大贵之人皆因其德行大，承载力大，所以可以承载社会巨大财富。投资者也应明了此中道理，如果某项目非善行，甚至损人利已，损天德，那怕看起来其利很高，但此项目很难做大，更难做久，因其承载财富力小了，看明了这点，投资者须警醒了。反之，若投资项目皆符合善行，利于社会健康发展，有利人类命运共同体，其创办人德行高，善行多，其福报必大，因其承载力广博厚大，可以把企业做大，做久，即便企业成长初期利益并不一定最大，但长期持有，财富稳健增值，一定是投资的优质资产。

第六十章

治大国，如烹小鲜

原文

治大国，若烹小鲜。以道莅天下，其鬼不神。非其鬼不神，其神不伤人。非其神不伤人，圣人亦不伤人。夫两不相伤，故德交归焉。

注释

治大国，若烹小鲜。

注：不扰也。躁则多害，静则全真。故其国弥大，而其主弥静，然后乃能广得众心矣。

以道莅天下，其鬼不神。

注：治大国则若烹小鲜，以道莅天下，则其鬼不神也。

非其鬼不神，其神不伤人；

注：神不害自然也。物守自然，则神无所加。神无所加，则不知神之为神也。

非其神不伤人，圣人亦不伤人。

注：道洽，则神不伤人。神不伤人，则不知神之为神。道洽，则圣人亦不伤人，圣人不伤人，则（亦）不知圣人之为圣也。犹云不知神之为神，亦不知圣人之为圣也。夫恃威纲以使物者，治之衰也。使不知神圣之为神圣，道之极也。

夫两不相伤，故德交归焉。

注：神不伤人，圣人亦不伤人；圣人不伤人，神亦不伤人，故曰"两不相伤"也。神圣合道，交归之也。

直译

治理一个很大的国家，就像烹饪一条小鱼一样，你不能随时的搅动它。如果以道去治理天下，鬼神的作用就不会显现出来了。鬼神的作用，即使显现出来了也伤害不了人；不但鬼神不伤害人，圣人得道了也绝对不会伤害人，这样鬼神和得道的圣人都不伤人，天下的人们都会得到德的恩惠。

深度解读

老子第六十章，我认为是很有意思一章，而且这一章也非常的通俗，它的道理很简单，但是真正做到却很难。"治大国若烹小鲜"治理一个大国和做一条小鱼的这个小菜一模一样。为什么呢？王弼注解曰："不扰也，燥则多害，静则全真。"就是说你烹饪一条很小的鱼，而不是大鱼，仅仅是微小的小鱼苗的时候，相信很多人都有和我一样的经验，你煎炒小鱼的时候是不能翻来翻去，最好是用微小文火的去慢慢煎，不要干扰它，"躁则多害，静则全真。"当你安静的对待这条小鱼儿的烹饪的时候就很容易得一条脆香而完整的小鱼干，如果你在煎鱼的时候心是躁动的，总想着把它很快煎熟，总想着要动一动勺子，把它翻动一下，结果往往都会失败。"故其国弥大，而其主弥静，然后乃能广德众心。"如果把这个烹饪小鱼的事情它拓展到国家层面去理解，一个国家越大，他的君主的内心就应该更安静而强大，然后才能够广得民众百姓之心。

第二段"以道莅天下，其鬼不神"王弼注，"治大国则若烹小鲜，以道莅天下则其鬼不神也。非其鬼不神，其神不伤人，神不害自然也。"为什么呢？因为"物守自然，则神无所加"，神没有办法改变大自然，"神无所加，则不知神之为神也"，当神不作用于自然的时候，在自然界里面你不会觉得有神的存在。

接下来老子又说"非其神不伤人，圣人亦不伤人"，为什么？王弼说"道恰，则神不伤人。神不伤人，则不知神之为神"，因为符合道就是符合自然之时，是非常恰如其分之机，神也不会作用于人，就像他不存在一样。"道洽，则圣人亦不伤人，圣人不伤人，则不知圣人之为圣也"，所以如果圣人用符合道的方法去治理国家，圣人不会加害百姓，圣人不伤人，所以你感觉到他好像也不是圣人，他很平常的存在，所以王弼说"不知圣人之为圣也，尤云不知神之为神，亦不知圣人之为圣也。"所以说，就像我们不知道圣人他是什么样的人，他就是那么普通，他好象就是我们身边的一个凡人。王弼接下来又解释说："夫侍威刚，以使物者，治之衰也。使不知神圣之为神圣，道之极也。"所以王弼最后提出一个观点，如果一个君主他用自己的威严定立严酷的法律或者纲纪，让别人觉得他是个大王的存在，这种治理国家方式迟早一天会让国家衰亡掉！如果这个君王的治理国家的时候，让老百姓没有感觉到这种压力也不会感觉到他是一个很强大的君主的存在，而这种治理国家方式的是符合道的，是最为完美最为极致的一种状态。君王治理国家最理想的方法应当是让老百姓感觉到没有压力，没有名目繁多的苛捐杂税，没有严厉的法律和酷刑，即"为无为乃至于无所不为"。

"夫两不相伤，则故德交归焉"，所以王弼在最后再一次进行解释，"神不伤人，圣人亦不伤人，圣人不伤人，神亦不伤人，故曰：两不相伤也。"即"神圣合道"，在这种状态下君王治理国家的方式是符合天道的，是复归天道之德行也。符合"天行健，君子以自强不息，地势坤，君子以厚德载物。"的思想理念。

财富管理与投资视角

在现代经济生活中，无论是管理财富，还是管理一个企业的时候，也要运用烹饪小鱼一样的耐心和智慧。不能过多的去搅动它和干涉，应当用简单的方法制胜；任何一个卓有成效的管理者，他最重要的能力就在管理的过程中，化繁为简，找到解决问题的最佳方案，所谓复杂的问题简单化。世界上的优秀企业，往往是知道这么做的，把繁琐的东西依靠最简单最平常的方案去解决。简单的问题不能人为的把它复杂化。如果遇到一个复杂问题更要将它简单化。因为只有简单化的信息，才能传递的更快！简单化的组织，它在运行中才会更加灵活！而简单化的设计，更容易被整个市场接受。简单就意味着有无限的可能。经典往往就是简单的，从而使其对手更难以损伤和攻破。连病毒都是因为它比细胞更简单，更易复制，更易传染，却更难对待！

那么在投资层面我们如何去理解呢？投资，同样一定需要有耐心。小微的投资者，注定了他只能是的是整个资本市场里面小微体量的投资单元，无法影响整个资本市场的大盘，所以作为小投资者必须要有足够的耐心，通晓"道生一，一生二，二生三，三生万物"这个最基本的道理，不可操之过急，也不可以因为市场上出现某一些诱惑，就轻易的去改变次前深思熟虑的谋略和决策。尤其面对市场出现一些莫须有的风浪与波动时，贪婪和恐惧之心随之浮现，从而屏蔽住自己不本来的智慧觉知。或许这就是很多小微投资者失败的原因所在吧！因为没有定力，没有定力就没有忍耐力，没有忍耐力，就没有智慧力！没有智慧怎么可能成功呢？

第六十一章

大者宜为下

原文

大国者下流。天下之交，天下之牝。牝常以静胜牡，以静为下。故大国以下小国，则取小国；小国以下大国，则取大国。故或下以取，或下而取。大国不过欲兼畜人，小国不过欲入事人，二人两者各得其所欲，大者宜为下。

注释

大国者下流。

注：江海居大而处下，则百川流之；大国居大而处下，则

天下流之，故曰"大国（者）下流"也。

按：江河大海，容纳百川，因为它们都地处低下。推而广之，大国因其博大，而谦卑礼让，则天下小国都会归顺依附于大国。

天下之交，

注：天下（之）所归会（者）也。

按：指以上二者的谦下的结果是天下归顺而汇聚。

天下之牝。

注：静而不求，物自归之也。

牝常以静胜牡，以静为下。

注：以其静，故能为下也。牝，雌也。雄躁动贪欲，雌常以静，故能胜雄也。以其静复能为下，故物归之也。

故大国以下小国，

注：大国以下，犹云以大国下小国。

则取小国，

注：小国则附之。

小国以下大国，则取大国。

注：大国纳之也。

故或下以取，或下而取。

注：言唯修卑下，然后乃各得其所（欲）。

大国不过欲兼畜人，小国不过欲入事人，夫两者各得其所欲，大者宜为下。

注：小国修下，自全而已，不能令天下归之。大国修下，则天下归之。故曰"各得其所欲，则大者宜为下"也。

解读

大国品格应像江河大海一样，在天下的位置应谦和低下，因其能容纳百川，所以天下自然下流交汇附顺依赖于它。天下雌性常常能够以清静守定，战胜雄性的刚强，因其雌性品格是柔静、谦卑居下的。

按照这种自然的法则，大国对小国应当谦虚和忍让，从而可以获得小国的信任与依赖。如果小国对大国是谦卑的和忍让的，同样可以得到大国的信任和保护。

所以大国谦下与忍让得到了小国的依附。小国做到谦下和忍让也能得到大国的强力支持。但是作为大国，不能纵私欲而去吞并统治小国；小国也不要凡事都过度依赖于大国，顺从大国。大国和小国都要有相对的独立性。大国和小国都做到了谦让，那就会各得其所，都能得到好处，特别是大国，更应该做到要忍让与谦下。

财富管理与投资视角

老子对自然观察后悟道，清静为天下正（第四十五章），天下之至柔，驰骋天下之至坚（第四十三章）柔弱胜刚强。从而提出，治国之道当以谦让低下，不过欲而天下相安太平，因为各得其所。所以治财亦同治国之理。静而守藏则太平无事。财不外露即是此道理。反之，自持财大气粗，外显张扬，则祸至矣！"大国者下流"智慧很深，越富有的人越谦下，因为"大者宜为下"。其核心的智慧换成现代语言就称之为"格局问题"，从投资者角度讲，投资应当谋大格局方能成大事业，此心胸境界，源于"大国者宜为下"，只有当投资者的人生观、世界观有此境界，方可能成就伟大的投资事业。

第六十二章

道为天下贵

原文

道者万物之奥，善人之宝，不善人之所保。美言可以市，尊行可以加人。人之不善，何弃之有！故立天子，置三公，虽有拱璧以先驷马，不如坐进此道。古之所以贵此道者何？不曰以求得，有罪以免邪？故为天下贵。

注释

道者万物之奥，

注：奥，犹暖也。可得庇荫之辞。

按：奥，原为室之西南角，室中幽隐之处。暖，蔽障、隐翳之意。

善人之宝，

注：宝以为用也。

不善人之所保。

注：保以全也。

美言可以市，尊行可以加人。

注：言道无所不先，物无有贵于此也。虽有珍宝璧马，无以匹之。美言之，则可以夺众货之贾，故曰"美言可以市"也。尊行之，则千里之外应之，故曰"可以加于人"也。

按：此段是说明道的重要作用，只要尊重"道"，道无所不能，无所不在，其能量无比巨大。甚至感而遂通，穿越时空。

人之不善，何弃之有！

注：不善当保道以免放。按：不善省全其道，而以免于弃。

故立天子，置三公，

注：言尊行道也。

虽有拱璧以先驷马，不如坐进此道。

注：此道，上之所云也。言故立天子，置三公，尊其位，重其人，所以为道也。物无有贵于此者，故虽有拱抱宝璧以先驷马而进之，不如坐而进此道也。

按：此段通过对比强调"道"的尊贵，重于一切物质的有形财富。

古之所以贵此道者何？不曰以求得，有罪以免邪？故为天下贵。

注：以求则得求，以免则得免，无所而不施，故为天下贵。

按：得道之人能量巨大，有求必应，有灾福则免，所以天下人皆尊重道。

解读

道是庇佑荫护万物的场所，善良的人珍惜它；不善良的人也要保持它。美好的言辞可以换来世人对你的尊重，良好的品行可以得到众人尊重。不善良的人怎么能舍弃道呢？所以在天子继位设立三公的时候。虽然有拱璧在先、驷马在后的献礼仪式，还不如把尊贵的"道"敬献给他们。自古以来人们把"道"看得如此宝贵，不正是由于求他庇护，一定可以得到满足，犯了罪过，也可以得到他的宽恕吗？正因如此，普天之下才珍重而尊贵道的。

财富管理与投资视角

道是天下万物背后的奥妙所在。财富管理实质首先要讲财道。所谓"君子爱财，取之有道。"求财譬如求道，生财亦会有道。"善人之宝，不善人之所保"。善良的人和不善良的人都需要珍视的。讲究财道，懂得财道，财来是水到渠成。不讲财道，或丢弃财道，财终将也会离你而去。这也是判断投机与真正投资的标准之一。投机取巧者可有小财，却不可能有大财，因其不可能创造出伟大价值，当然不可能享有真正的大富大贵！

第六十三章

为无为乃治之极，易解天下终无难。

原文

为无为，事无事，味无味，大小多少，抱怨以德。图难于其易，为大于其细。天下难事，必作于易。天下大事必作于细。是以圣人终不为大。故能成其大。夫轻诺必寡信，多易必多难。是以圣人犹难之，故终无难矣。

注解

为无为，事无事，味无味，

注：以无为为居，以不言为教，以恬淡为味，治之极也。

大小多少，抱怨以德。

注：小怨则不足以报，大怨则天下之所欲诛，顺天下之所同者，德也。

图难于其易，为大于其细。天下难事，必作于易。天下大事必作于细。是以圣人终不为大。故能成其大。夫轻诺必寡信，多易必多难。是以圣人犹难之，

注：以圣人之才，犹尚难于细易，况非圣人之才，而欲忽于此乎？故曰"犹难之"也。

按：老子在本章提出做事的方法，其实就是推崇复归本源，剔除舍本逐末的错误方法。

故终无难矣。

按：只有找到万事万物的本源，抓住核心，从根本去出发，世间就没有难事。

本章直译

第六十三章老子综前章所述的例子，提出了"无为论"。以无为的方法去做有所作为的事；以不扰乱的方式去做事；以恬淡无味的态度去品味万事万物。大是源自于小的，而多则由少累积而来。若有怨则应当复归于根本，因为它是德。厚德载物，无往而不克。做难的事情之前，一定要通《易》，预测好了再去行动；如果要做大事，也必须要从细微的小处去着手。由此推而广之，世间天下难事也必须从《易》经上去预测吉凶

祸福，遵从天道行事。（或译为：从难事的相反面即容易的小事开始）同样的道理，如果想去做天下大事，也必须从细微的小事开始做起。得道的圣人从来都不是做大的事情，所以圣人总是能把大事做成功。如果轻易许诺，必然会导致信用不足，导致你的"征信"下跌，乃至失信于人。凡人做事总是想做容易的事，往往做起来就会遇到很多困难，而圣人则是先在做大事之前把难的事情都考虑周到了再开始做，因此做事就不会遇到所谓的难事了，一切都是意料之中的事。换言之，在有道的圣人面前，凡人认为是非常难的事都可以迎刃而解，在圣人面前就像没有难事一样。

深层解读

道德经的六十三章，智慧很深，可以说是德经部分的核心，所以我们要很用心去禅悟其中奥妙。"为无为，事无事。"这个观点很容易被人们误解，这也是后世人们常常想批判老子的观点。认为这个观点非常的消极而无用，其实当我们进一步往深层次理解的时候，才知道这恰恰是处理世间矛盾更高深的智慧，是非常积极的，是有意义和有价值的。因为大多数人是不容易理解这句话的意思，一般只是从字面上简单理解，结果很容易误解。我们对照三国时期的王弼注"以无为为居，以不言为教，以恬淡为味，治之极也。"第十七章王弼又注"大人在上，居无为之事，行不言之教，万物作焉而不为始，故下知有之而已。"

譬如品茶，我们若能茗品高级的茶，往往发现它的味道是非常的清淡的，喝完之后慢慢会有回甘之味，这种茶往往是上等品、甚至是极品！由此可知，好茶是清淡而无厚重口味的。茶道曰"和、清、寂"也。平和、清淡、寂静而无争，即"无为"也。老子这是在告诉我们的一个处事道理，"为无为，事无事"，这是治理的最高境界。因为这非常符合自然之道。"道"就是听不见其声音，闻不到其味道，触摸不到它的存在。即"大音希声，大象无形"。

"大小多少"，老子告诉我们，自然界里面任何大的事物其实是从微小开始的，比如参天大树源自一粒微小的种子。而很多的数量其实也是从很少的数量慢慢的积累而来，"千里之行，始于足下，九层之台，始于累土"，这是事物发展的普遍道理。

"抱怨以德"是什么意思呢？老子在这里通过前面的一个类比来讲的数量的一个量变的过程，然后圣人应该如何处理天下之难事呢？所以王弼在这里再一次进行深入的注解。"小怨则不足以报，大怨则天下之所欲诛，顺天下之所同者，德也。"其实是讲如何去面对敌人的怨恨，一般人如何处理这种关系？有何解困方法？确实很困扰人们。那么应该怎么做呢？圣人用仁德的方法去对待敌人。那什么叫做仁德呢？王弼在第三十八章注解："何以尽德？以无为用，唯道是用，不德其德。"换言之，就是用"为无为，事无事，味无味"的方法去做，不去扰乱这些怨恨事端，恬淡和平去相处。推而广之，以此观天下，当代国际关系风云变化，利益冲突此起彼伏，特别是 2022 年 2 月发生的俄乌战争已经波及全球政治经济，文化艺术，殃及人民生命，甚宠物猫也被卷入世界范围的争斗（俄罗斯的猫被制裁），怎么办？应当用和平共处的原则去平衡这种国际关系，而不要诉诸武力去解决争端，武力只会进一步加剧了厌恨的冲突，最终导致世界发生战争灾难。如果世界各国的国家领导人都有老子的智慧，天下就太平了。从 2020 年全球陷入新冠疫情大爆发以来，病毒在不断的演变升级，人类生命健康遭受着极大的危害，在这种前提下，如果用老子的智慧。或许政府管理者给忙碌运行的人类社会按下暂停键，让人们"为无为事无事"隔离起来，反而是应对病毒的最好的方式，这样人与自然才可能和谐共处。

图难于其易

"图难于其易，为大于其细。"至今为止这段话的解释，决定了两个方向，第一个"易"字有人解读为"容易"的易。这一种解释一般人比较容易理解。另外一个方向的解释是从历史背景来看，"易"字在老子的这个年代应当特指《易》经，因为《易》是在周朝的时期出现的，所以后世通常称之为《周易》。老子是周天子的守藏史官，相当于现代国家图书馆的馆长，他在周朝的主要工作就是编撰整理国家的图书，在任期间，他阅尽全国最大量的最全面的古圣先贤经典书籍，内容涵盖三教九流，他所拥有的知识量是很大的，因此他的智慧也是高人一等的，他对《易》的解读和理解也应当是非常深的，所以每当周朝天子遇到难事或者困惑的事都会来咨询他，请他解惑答疑，为国家的大事难事提供政策咨询。所以这时候他一定要去通读《易》，对万事万物的变化作出预测和预判才可能给国君以一个比较精准的答案。"为大于其细"，同样老子在做任何重大的决策之前，他一定是对整个事物的微小细微之处进行了全面的审察，上以揽观天文之象，下以府察地理风水，这样他才可能辅助国君，对可能危及国家生死存亡的重大决策作参谋。所以老子才能据此做出一个结论，"天下难事必作于易，天下大事必作于细，是以圣人终不为大，故能成其大。"

轻诺必寡信

接下来老子再次告诫君主一定诚信立国，因为"君子一言，驷马难追"，君主一定要信守诺言。要做大事，做出重大事情的决策之前一定要深思熟虑，预料到可能发生种种不利的可能性，所谓"三思而后行"，要对即将发生的事有一个吉凶祸福的前事预判。只有这样做，圣人才能把事情做完美，就好像世上没有难事一样。

财富管理与投资视角

财由小而大，或由大而小。需要明鉴其道。要致大富，是难事吗？为大于其细。如果抓住了根本，获取了财道秘笈，这些都不是什么难事了。

　　"投资有风险"此话如果理解？我们应当要明白，风险是客观存在的，难道世界就没有人去做投资了吗？答案肯定不是。投资学是一门学科，也是个专业领域，投资者应当对风险有所认知，提高对风险的认知程度，而不要盲目的去投资，要持谨慎的态度，这个谨慎态度就是用老子的思维去进行预判，去进行预测，三思而后行，这样就避免了草率行事，因为只有进行了风控的投资才可能减少风险带来的损失。这就是老子的智慧的伟大之处。

第六十四章

未兆易谋，无执无败

原文

其安易持，其未兆易谋；其脆易泮，其微易散。为之于未有，治之于未乱。合抱之木，生于毫末，九层之台，起于垒土，千里之行，始于足下。为者败之，执者失之，是以圣人无为，故无败，无执，故无失。民之从事，常于几成而败之，慎终如始，则无败事。是以圣人，欲不欲，不贵难得之货，学不学，复众人之所过，以辅万物自然而不敢为。

注释

其安易持，其未兆易谋

注：以其安不忘危，持之不忘亡，谋之无功之势，故曰"易"也。

其脆易泮，其微易散。

注：虽失无入有，以其微脆之故，未足以兴大功，故易也。

此四者，皆说慎终也。不可以无之故而不持，不可以微脆之故而弗散也。无而弗持则生有焉，微而不散则生大焉。故虑终之患如始之病，则无败事。

为之于未有，

注：谓其安未兆也。

治之于未乱。

注：谓（闭）微脆也。

合抱之木，生于毫末，九层之台，起于垒土，千里之行，始于足下。为者败之，执者失之。

注：当以慎终除微，慎微除乱。而以施为治之，形名执之，反生事原，巧辟滋作，故败失也。

是以圣人无为，故无败，无执，故无失。民之从事，常于几成而败之。

注：不慎终也。

慎终如始，则无败事。是以圣人，欲不欲，不贵难得之货

注：好欲虽微，争尚为之兴；难得之货虽细，食盗为之

起也。

学不学，复众人之所过，

注：不学而能者，自然也。喻于（不）学者过也。故学不学，以复众人之（所）过。

以辅万物之自然，而不敢为。

本章直译

当局面安定时容易控制，事前还没有出现征兆的时候，很容易做谋划，事物很脆弱的时候很容易就分散开了，因为它太微小了，而微小的事物总是很容易消失的。

谋划事情应当在它未发生之前。而治理天下一定要在天下还没有混乱之前，切莫等乱了以后再想办法治乱，那就晚了。参天的大树都是由小树苗成长而来的。高楼大厦也是由一层一层的砖土累积起来，才盖成摩天大楼的。要行走一千里的路，其实也是需要一步一步的迈开，才走完千里之路的。这说明了做事情的规律是由小到大的。

用有为的方法做事必败无疑，因为执着于什么就会失去了什么。得道的圣人做事，是以无为的方式来做的，这是遵循事物发展规律的，只有顺应自然，就不会有败事了。

人们做事情往往是快要成功的时候，因为不谨慎而导致了失败，所以当事情快要完成的时候，也要回归初心，善始善终，这样才不会失败。

人们所贪图的事情，圣人是不会贪图，所以圣人之所以成功，因为圣人是不以凡人的欲望去做事，不以凡人的欲望为参考取向。他专门学习一般人所不愿意学习的东西，这就弥补了众人所犯下的过错；而圣人这样的作为恰恰遵循了万事万物自然发展变化的规律。即"为无为"。

全章综述与深度解读

老子在第六十四章里面讲了非常深刻的道理。内容比较长，而实际上它是对六十三章做了一个形象、全面而深入的阐述；如果说六十三章是立论的话，那么六十四章即是论证六十三章论点的逻辑关系的。同时第六十四章也隐藏着一个非常大的智慧。易经有八卦，八八六十四，老子恰好在第六十四章才把它讲出来，其中必有玄妙。

第一段：易谋

"其安易持，其未兆易谋。"老子在六十三章告诉我们应当注意做事情的方法是"图难于其易，为大于其细"，所以这个"易"字的解释，我们应当理解为用《易》经的方法去预测，然后才能够把持未来发生的吉凶祸福。从字面上理解"安"是安静安定的意思，那么在这种安定祥和状态下往往是很容易控制人的精气神。因为还没有出现燥动乱象，所以一切尽在掌控中。"其未兆易谋"，一切征兆还没有出来之前，也就是一种安静的状态下。就是最适合进行谋划的时候，因为安静的时候人们注定容易产生智慧，所谓"定力产生智慧力"，而不是在烦躁急躁的状态下，此状况下人们的思维容易被困惑被迷惑因而没有智慧，所以这里老子是告诉人们处理难事的方法要回归静的状态，即"守静笃，致虚极"。因此当人的智慧产生了，开悟了，人的谋略才会完整的呈现出来了。接下来老子讲了另外一种情况，"其脆易泮，其微易散。"在另外一种情况下，我们发现脆弱的东西很容易一掰就断。微小的东西如尘埃，往往风一吹它就会散开，因它太微小而没有力量，因其微小则容易被外界所扰动而散开。从现代经济的角度去看，小微企业往往很容易失败。因为小微企业体量太小，没有力量对抗市场的风险，一旦遭遇外部环境大的变化风波就很容易破产而宣告失败。从这个角度看，老子提示我们要想做成大的事业，必须抱团合作，共赢天下；唯有用团队的力量才可以成功。

第二段：治乱

"为之于未有，治之于未乱。"老子本章提出这个观点，恰恰是对上一章说的"为无为事无事"的进一步的注解，"无为"的含义是什么？"无为"并不是无所作为，而是在未有发生事情的时候，非常安静的状态下，还没有产生乱的征兆之前，已经进行作为。这样的话才有可能"治之于未乱"，目的只是让国君明白，要治理国家不是等发生社会动乱了再开始治理，而是在未乱之前已经做好了充分的准备。由此我联想到 2020 年初全球暴发新冠肺炎（COVI-19）疫情之后，世界各国的应对方法不一样。在中国各个城市，应对的方法也不一样，许多城市社区采取的方法都是非常及时的做了封闭式管理，免得让疫情泛滥开，避免让感染者到处的流动，让疫情扩散更广，让更多人受害，整个社会就大乱了，如果管理者这个时候才幡然醒悟回来，想治理就非常困难了，所以就需要有"为之于未有，治之于未乱"智慧，我国对疫情的管控治理之所以成效显著，恰恰是在运用了老子的智慧。

第三段：足下

老子接下来举了一个非常生动而贴切的例子，去说明了他这个观点。"合抱之木，生于毫末。九成之台，起于累土，千里之行，始于足下。"这个例子非常浅显，所以人们应该认识到事物的发展它永远都是从小到大，从少的数量到多的数量，即上一章的观点"大源于小，多数量来自少数量"，明白了这个道理之后，你就知道做事应当遵循自然规律。只有遵循了自然规律才不会让事情变得越来越糟糕，要治于未乱，而不是等乱了以后再来治，那就为时已晚了。

第四段：无执

"为者败之，执者失之，是以圣人无为，故无败；无执，故无失"。老子在本章里面再一次强调了上章的观点"无为"。我们看一下三国时期的王弼注："当以慎终除危，慎微除乱。而以施为治之，形名执之，反生事原，巧辟滋作，故败失也。"显然在这里"为者"，指的是那些不谨慎的，没有考虑周到，没有谋略的，愚蠢而冲动的作为。而这种愚蠢无谋的冲动的想法，反而成为那个时代（春秋战国时期）各国侯王非常固执而坚持的做法，然后去施政于民，岂有不失败之理？故必败无疑。

"民之从事，常几于成而败之。"百姓在做事的时候，往往这个事情似乎马上要成功了，但是却失败而告终。为什么会出现这种情况呢？分析一下原因，可能还是在于没有谨慎的坚持初心，所谓"不慎终也"（王弼）。

第五段：无败

老子最后总结说"慎终如始，则无败事。"但是一般人怎么可能做到慎终如始呢？如何去修炼这颗智慧之心呢？老子接着提出了方法："是以圣人欲不欲，不贵难得之货，学不学，复众人之所过。以辅万物之自然，而不敢为。"在修炼的过程中，其实就是践行这种心态，首先在控制欲望上，圣人的欲望和老百姓欲望完全不一样，一般百姓认为这个东西非常的贵重，非常难得，非常漂亮，非常好，非常希望得到的，比如金银财宝，车马房等。可是在圣人的心中，认为这些并不是他所想要的。在学习问题上，圣人所学习东西恰恰是一般的人不愿意学习的东西，所以他才能够有足够的智慧去察觉众人可能犯下的过错。而拥有这种智慧恰恰需要在极其安静的状态下进行修持自己，这种状态就是"无为"的状态。这也正是老子所讲的万物之自然状态，故"不敢为"。

财富管理与投资视角

人道酬信，商道酬谋。成功的企业家之所以能够创造大的财富，因为他们的谋略胜人一筹。投资家之所以投资成功，也是因为其胆识谋略都是胜人一筹的。看似他人成功是悠哉悠哉的，但是实际上成功者的胆识和谋略是非同凡响的。他们在谋略上面所下的功夫非同一般人。他们遇事不慌不忙，具有极强的定力和忍辱力，他们的谋略大智大慧，一般人可能根本看不懂他们的谋略。但他们是"为之于未有，治之于未治。"一切尽在掌控中。执行力坚定，不会为外界所影响，慎终如始。无执无失，无为无败。所以外界看起来，成功的投资者都是悠哉悠哉就成功了；你且看巴菲特老先生，他一旦谋划并决策之后，不管股市是多么大风大浪起起伏伏，他八十多年来总是悠哉悠哉地喝着他最爱的可口可乐饮料，吃着简单的汉堡包，悄然无声地成为了世界资本界中的顶尖富豪。

第六十五章

玄德深远，辩证洞明

原文

古之善为道者，非以明民，将以愚之。民之难治，以其智多。故以智治国，国之贼，不以智治国，国之福。知此两者，亦稽式。常知稽式，是谓玄德，玄德深矣，远矣，以物反矣，然后乃至大顺。

注释

古之善为道者，非以明民，将以愚之。

注：明，谓多见（智）巧诈，蔽其朴也。愚，谓无知守真，

顺自然也。

民之难治，以其智多。

注：多智巧诈，故难治也。

故以智治国，国之贼。

注：智，犹治也。以智而治国，所以谓之贼者，故谓之智也。民之难治，以其多智也。当务塞兑闭门，令无知无欲。而以智术动民，邪心既动，复以巧术防民之伪，民知其术，（随防）而避之。思惟密巧，奸伪益滋，故曰"以智治国，国之贼"也。

不以智治国，国之福。知此两者，亦稽式。常知稽式，是谓玄德，玄德深矣，远矣。

注：稽，同也。今古之所同则，不可废。能知稽式，是谓玄德。

玄德深矣，远矣。

以物反矣，

注：反其真也。

按：返璞归真的意思。

然后乃至大顺。

直译

古时候那些善于把握"道"的人，从不以奸诈乖巧来教化人民，而是用淳朴纯真去教化人民。而百姓难以治理的原因是什么呢？其实是因为他们计谋太多。如果用计谋来治理国家的话，这对国家的发展是不利的，而不以计谋来治理国家，而是以淳朴真实的方法来治理国家，这才是国家之福气。

知道这两种方法的差别，就是治理国家的一种法则。这种常态的法则其中蕴含着深奥而宽广的"德"。深奥而宽广的"德"是至深至远的，而拥有"德"的人才能够使事物真正复归到初始的状态，以至于达到大顺境界。

本章综述

六十五章实际上是讲治理国家两种不同的方向，结果是不一样。我们要理解老子在这一章所讲的思想，必须要理解老子六十三章所讲的"为无为，事无事"的观点，这样才能明白，在本章老子为什么要讲"古之善为道者，非以明民，将以愚之"，并且还称赞这种治理方式为"玄德"模式，否则很容易产生误解。

文字注释与深度解读

"古之善为道者，非以明民，将以愚之。"

王弼注："明，谓多（见）智巧诈，蔽其朴也。愚，谓无知守真，顺自然也。"显然从这里可以看出句中的"明"，既不是指聪明，也不是指开明，实际上是特指奸诈巧取的意思。而"愚"也不是愚蠢的意思，而是返璞归真，守真顺其自然的内涵。老子在《道德经》（上篇）《道经》部分的论述的"道"里面经常谈到这个观点，一定要复归真朴，就像婴孩一样的淳朴，这才是我们所追求的自然的状态，这是一种最高的，最理想的，顺应自然的大智慧状态，所谓"大智若愚"。

"以智治国，国之贼，不以智治国，国之福，知此两者，亦稽式。"王弼注："稽，同也，今古之所同则，不可废。能知稽式，是谓玄德。玄德，深矣，远矣。"道藏本集注"稽"为"楷"。式，模式也。显然在这里老子提出了两种不同的治理国家的模式。而我们推测在春秋战国时期，各国的治理国家模式，大约就分化为这两种方向，一种方向以计谋奸诈，为治理国家的方式，另外一种就是比较淳朴，看起来好像很愚钝，这两种模式都是存在的，而老子更加推崇后者，这种看似愚蠢而淳厚真朴的模式反而是非常的有智慧的，非常深远的，称之为"玄德"的模式。

财富管理与投资视角

管理万事万物都有"道"在其中起作用，财富管理也是如此。在经济学上有一种看似非常笨的方法，就是复利计算法，从小到大的这个复利方法看似非常的简单，从 1 到 100，看似默默无闻。可是当财富慢慢的累积到一定基数的时候，当这个基数比较大的时候，从第 1 个 100 到第 1 个 1000，从第 1 个 1000 到第一个亿，以 1 个亿到 2 个亿，到 10 个亿，100 个亿到 1000 个亿。它的复利翻一倍之后，其产生的结果是惊人的。

最关键是他所需要用到的时间就越短。众所周知，巴菲特的财富是目前世界财富排行前五位的顶尖富豪了，但是大家知道巴菲特的财富，在他人生 50 岁之前，到底占他人生总财富的比例是多少呢？大约只有 2%。他的人生在 50 年之后才开始创造大财富，他的后半生创造的财富占他全部财富的 98%。换言之也就是他的人生前 50 年，在全球资本市场，在世界富豪面前他都是默默无闻的。

所以投资需要返璞归真的思维。简单，专一，持久。当找寻到伟大公司，投资与其同行，只需要坚持长期主义，学会做时间的朋友就好了。

第六十六章

善下者王，天下莫争

原文

　　江海所以能为百谷王者，以其善下之，故能为百谷王。是以欲上民，必以言下之；欲先民，必以身后之。是以圣人处上而民不重。处前而民不害，是以天下乐推而不厌。以其不争，故天下莫能与之争。

直译

　　大江大海，之所以能够成为百川河流的王者，是因为江海处于低下的位置，而百川河流，必将汇聚于江海。所以有道的圣人要想领导人民必须用谦虚的言辞去对待人民；要想带领人民，就必须把人民的利益是利益放在第一位，把自己的利益放在人民利益之后。有道的圣人虽然地位是在人民之上，但是人民却感觉不到有沉重的负担，虽然他的地位在人民之前，但是人民不感到有什么样的损害。所以普天之下的民众都乐意推举和拥护他，而不感到厌倦，因为圣人不与民争夺利益，争夺权势，他让利于民，所以天下没有人能与他相争。

本章概述

如果老子在六十五章讲的是管理国家的模式，接下来第六十六章，则进一步为君主管理者开示了领导学的智慧。告诫君主管理者应当向自然江河和大海学习，其核心就是"善下"，所以要做到"身后"，对百姓"不害"，"不争"。

启示

《道德经》在这前后两章里面都是有逻辑关系的，老子在六十五章提出了一个"玄德"管理模式，其核心就是要领导者复归到事物初始的状态，换言之就叫不忘初心。而这点恰恰是领导者在领导的过程中，在其领导事业的发展过程中，随着其地位的不断的上升，往往容易忘记的，所以当今时代提出不忘初心，也是源于老子的智慧。第六十六章他再一次告诫领导者要向大自然学习，像自然界的大江大海学习。核心的意思就是要"善下"，其实是落实《道德经》上篇"道经"所推崇的"上善若水"的道理，得道的圣人应当把道承载下来，落实到行动中去，即把自已地位放低一点，"江海所以能为百谷王者，以其善下之，故能为百谷王。"永远要为人民服务，把人民利益放在第一位，这样百姓才不会厌恶管理者。因为这样的领导者从来都不会与人民利益相争，不让人民有负担；这就是管理者最高的领导艺术。

财富管理与投资视角

善下，谦下也。从佛家观点看还有"放下"的意思。我们谈财富，更应该学会正确的看待金钱。只有你正确的看待了金钱，你才能够真正的理解投资的终极价值和意义。心理学的研究发现了一个幸福的秘诀：金钱只是手段而不是目的。在现实生活中更大的金钱花销并不一定带来更多的快乐。哲学家亚瑟·叔本华说过，财富"像海水，喝得越多就越感到口渴。"所以财富不等于幸福。"江海所以能为百谷王者，以其善下之，故能为百谷王。"美国《聪明的投资者》的主编，全美国最佳的财经记者贾森·茨威格通过采访世界上众多成功的富豪和普通的穷人，发现富人是享受投资的过程，穷人却只看见结果。这就是现实社会为什么富人更富，穷人更穷。看透了，就应当学会放下。我们学习投资与财富管理，要拿得起，更要放得下。这才是百谷王的气概！

第六十七章

我有三宝

原文

天下皆谓我道大，似在肖。夫唯大，故似不肖。若肖，久矣其细也夫。我有三宝，持而保之。一曰慈，二曰俭，三曰不敢为天下先。慈，故能勇；俭，故能广，不敢为天下先，故能成器长。今舍其慈且勇，舍俭且广，舍后且先。死矣！夫慈，以战则胜，以守则固，天将救之，以慈卫之。

注释

天下皆谓我道大，似在肖。夫唯大，故似不肖。若肖，久矣其细也夫。

注：久矣其细，犹曰其细久矣。肖则失其所以为大矣，故曰"若肖，久矣其细也夫"。

按："肖则失其所以为大矣"，"夫唯大，故似不肖。"这其实是描述了道是无形的。正因为道是无形的，所以它什么也不像。

我有三宝，持而保之。一曰慈，二曰俭，三曰不敢为天下先，故能成器长。

按："不敢为"是老子在第六十四章提出的观点，实际上也是老子提出的"无为论"。从自然界的观点来看，无为是有利于自然界生长的，是符合"道"原则的。所以"不敢为天下先"是回应前面六十五、六十六章节所提到的成为圣人君主所应当具备的德行，要用"无为而治"的方法才能够治理国家。这是治理国家的模式，也是最高智慧的治理国家的方法，这样才能得民心，是能够被老百姓长久拥护的领导艺术。所以"能成器长"。

慈，故能勇；

注：夫慈，以陈则胜，以守则固，故能勇。

俭，故能广；

注：节俭爱费，天下不匮，故能广也。

不敢为天下先，故能成器长。

注：唯后外其身，为物所归，然后乃能立成器为天下利，

为物之长也。

　　今舍慈且勇，

　　注：且，犹取也。

　　舍俭且广，舍后且先。死矣！夫慈，以战则胜，

　　注：相慜而不避于难，故胜也。

　　以守则固，天将救之，以慈卫之。

直译

　　普天之下都说老子讲述的"道"是最伟大的，因为它不是用一事一物能够表现的；正因为它不是一个物能够表现的，所以它才伟大，如果"道"是一事一物，那么它就不伟大了，它就显得非常渺小，也就是说，因为世间万物，皆有其"形"，如果"道"也是有形的，那么它就会有一个规模，既然有一定的规模，无论大和小，对"道"来说都显得渺小，所以真正的大道是无形的。

　　老子说他有三个宝贝，会永远的持有它和保护它。那是什么呢？第一个宝贝就叫"慈悲"。第二个宝贝就叫做"节俭"。第三个宝贝叫"谦让"。当拥有慈悲慈爱时候才能够真正勇敢；而只有节俭节制持家才能够令家族富裕壮大；不争名不争利，才能够当万物之长。

　　现在人们舍去了慈爱而直接去追求勇敢，舍去了简朴节俭而去追求富裕壮大，舍去了让名让利的美德而到处争名夺利，

这样做只有一条路，就是走向死亡。慈悲慈爱，用来征战就能够胜利，用来防守就能够巩固。因为天要援助谁，就会用慈爱来保护他。

文章概述

老子在六十七章实际上是做一个总结，既是对他所讲述的大道之学，做一个描述，同时因为大道之学是无形的，很难把持。所以他给世间的人们提出了个比较具体的"三宝"，只要人们把持住"三宝"，就明白了"道"的智慧能量所在，乃至战无不胜，攻无不克。

深度解读

在本章里面，老子其实讲到为人处世的三个原则，称"三宝"，实际上这也是一个管理者自身修养的三个要素。不管是企业管理者还是个人的财富管理，都需要有修养，都把这"三宝"当成是物质形态的宝贝。这个比喻比较恰当。老子讲的圣人很少对具体的物质的东西视为珍宝，因为老子的思维里面认为圣人都是与众不同的，但是在这一章里面唯独提出了"三宝"的观点，可见这是为了方便世人理解，所提出这个三个宝贝很重要。我们应当进一步体悟其奥妙。

第一个"慈"，慈悲、柔慈以感召人。第二个"俭"，勤俭、节约是可以令财富更宽广的，第三个"不敢为天下先"，换句话说，是不敢居于天下人之先，他才可能成为一个有号召力的首长领导。下面重点讲第二个，"舍俭且广"也就是说一个人懂得了省节钱才能够赚钱。

当然老子奉献给人类的三个宝贝是无可拆分的，将它们组合起来，我们就勇气去面对任何困难，并且找到解决困难办法。

财富管理与投资视角

本章是老子论财富管理观点的一个重要内容，因为要想管理财富，必须学会节俭。开源之前先节流，唯节俭方可令财富慢慢积累起来。"俭，故能广！"世界顶尖富豪巴菲特小时候的故事就很能证明这一点。他之所以成为财富管理高手，是因为他很节俭，从小就有这个习惯，乃至于他成为世界顶尖富豪之后，他最爱喝饮料仍是大街上卖的很便宜的可口可乐饮料。就像世界拍卖价值 1.2 个亿，号称全球最昂贵的"巴菲特午餐"，据说他实际食品也是他最爱的可口可乐饮料搭配汉堡包加牛扒而已。而他将午餐拍卖所得的款项全部毫无保留的捐给慈善机构。因为他太清楚财富和金钱是怎么来的。

其实节俭是许多成功的企业家他们共同的特质，他们养成了精打细算的习惯，有了钱一定要好好的规划，而不是乱花，省下手中的钱，把钱用在更有益的地方，比如把钱用在价值投资、产业并购、公益慈善上面。节省一分钱，其实就是为自己增加一分钱的资本。所以我们应该把节俭列为管理财富里面一个非常重要的一项修养和必须坚持的原则。

最后"节俭"实质上也可以是培养控制欲望的理性投资心理的一种很好的行为习惯。一个人对控制心理欲望的修炼源自于他的日常生活点点滴滴的习惯养成。正如打坐禅修日课可以修心；书法日课临池功夫亦同理；任何成功真的是点点滴滴的累积。

第六十八章

不争之德

原文

善为士者不武，善战者不怒，善胜敌者不与，善用人者为之下。是谓不争之德，是为用人之力，是为配天古之极。

注释

善为士者不武

注：士，卒之帅也。武尚先陵人也。

按：显然在这里"士"不是指普通的士兵，恰好是军队的统帅将帅，而"武"在这里不是指武力或者武功，而是特指一种行为就是率先欺凌和侵犯别人。战争当然是诉诸于武力，但是并不是说要主动的发动侵略欺凌别国的行为。因为这种战争是不道义的，如果悍然发动战争，在道义的层面已经输了。

善战者不怒，

注：后而不先，应而不唱，故不在怒。

按：显然老子在这里提示，在战争的具体战术行动过程中，统帅的心态一定要非常的有定力有谋略，要把握着作战的节奏，与敌军的周旋要讲究策略，而不要轻易为敌军一时的作为所激怒，从而扰乱了自己的全盘战略布署，从而陷入敌军诡计之中，使得自身作战处于被动局面，如此作战难以胜算。所以"善胜敌者，不与之争。"

善胜敌者不与，

注：与，争也。

按："与"字有相敌，相争的含义。《汉书·高帝纪》"上曰：吾知与之矣"即其例。

善用人者为之下。是谓不争之德，是为用人之力，

注：用人而不为之下，则力不为用也。

是为配天，古之极也。

按：从领导学的艺术来讲，"善用人者为之下"，这正是第六十六章所提到的观点，"欲上民，必以言下之。"从我们看出老子在整篇道德经里面。他的观点是上下呼应的，"上善若水"是道，"不与之争"是德。所以"道"和"德"是合一的，就像天人合一的道理一样，即"配天，古之极也。"

白话直译

善于带兵打仗的将帅，不会率先出兵凌辱人。善于征战的人，不轻易被敌人所激怒。而善于胜敌的人，从不与敌人正面交锋。善于用人的人，会对人表示谦卑，这就叫做与人不争的品德；叫做使用别人的力量；叫做符合自然的大道，这样的做法就能够把自然的法则运用到极致。

本章概述

老子从本章的内容开始把他的大"道"之学的内容延伸至管理学或者是君主的领导学范畴上，然后应用到实际用途上即作战以及用人之道上，也就是在军事和政治层面给君主提出一个上等的决策参考。

财富管理与投资视角

本章表面上在讲战争战术与帝王御术；但实际上是在告诉我们比战术（帝王术）更重要的是心理战略。此为将帅统兵之道，也是现代企业管理者高瞻远瞩的管理战略指导思想，企业经营成败关键就在善于或不善于运用它而矣。如果将每一次投资行动视为投资战役，则本章不可不读。"善为士者不武，善战者不怒，善胜敌者不与，善用人者为之下。"投资讲究时机与策略，不动则矣，动则要"动善时"！

第六十九章

祸莫大于轻敌

原文

　　用兵有言，吾不敢为主而为客，不敢进寸而退尺，是谓行无行，攘无臂，扔无敌，执无兵。祸莫大于轻敌，轻敌几丧吾宝，故抗兵相加，哀者胜矣。

注释

　　用兵有言，吾不敢为主而为客，不敢进寸而退尺，是谓行无行，

　　注：（彼进）遂不止。

攘无臂，扔无敌，执无兵。

注：行，谓行陈也。言以谦退哀慈，不敢为物先。用战犹行无行，攘无臂，执无兵，扔无敌也。言无有与之抗也。

按：马叙伦注释"攘无臂，意为：欲援臂相斗而无臂可援。执无兵，意为：欲执兵相战而无兵可执。扔无敌，意为：欲为敌而却找不到对立之一方。"在这里实质上是讲的一种战术的运用，由此我联想到抗日战争时期著名的地道战。当日军进入这个村子里面想寻找对手的时候，根本找不到人，因为村民都躲到地道去了。而且到处都有陷阱，令日军找不到对手去打，却经常遭受地雷的轰炸，处处受到村民们的冷枪暗箭。结果这个村民反而以少胜多，以弱胜强。所以从历史上的地道战，来反观老子的六十九章，其实真的是以弱胜强的经典战例，运用这种战术反而是一种行之有效的战术。

祸莫大于轻敌，轻敌几丧吾宝，

注：言吾哀慈谦退，非欲以取强无敌于天下也。不得已而卒至于无敌，斯乃吾之所以为大祸也。宝，三宝也。故曰"几亡吾宝"。

故抗兵相加，哀者胜矣。

注：抗，举也。当也。哀者必相惜而不趣利避害，故必胜。

白话直译

在本章中，老子以用兵之道来阐述道学之用。兵家的观点曾指出，我不敢主动进攻，不随便去侵犯别的国家，而是要好好的防守好自己的国家。不敢前进一寸，而宁愿后退一尺。虽然摆出了阵势，就好像没有摆阵势一样，虽然援臂相斗，就好像没有臂可援一样；虽然面对着敌人，但是好像没有敌人可应对一样；虽然手中握有兵器，但就好像没有握有兵器一样。换言之，要把战争提升到一个"为无为"的状态，百战皆胜。那么要想获胜则没有比轻敌更大的祸患了，因为轻敌几乎丧失我的"三宝"。当两军的实力相当的时候，悲愤一方能获得胜利。

财富管理与投资视角

这一章呼应了上一章，主要讲兵法与战术。用到投资角度来看，也是有借鉴意义的，如果从市场竞争的角度来看，商场如战场。在竞争激烈的全球金融货币市场中的投资行为，实际上也是一场没有硝烟的战争；如何打胜仗？一定要讲究战术和战略。包括如何和竞争对手博弈，这更需要战术。在金融市场博弈上面更需要谨慎又谨慎。投资者既要参与活跃的金融行为，又要防范金融风险。"祸莫大于轻敌"，骄兵必败！切记切记！这就是老子智慧的伟大价值。

第七十章

知我者希，则我者贵

原文

　　吾言甚易知，甚易行，天下莫能知，莫能行。言有宗，事有君。夫唯无知，是以不我知。知我者希，则我者贵，是以圣人被褐怀玉。

注释

　　吾言甚易知，甚易行，天下莫能知，莫能行。

　　注：可不出户窥牖而知，故曰"甚易知"也。无为而成，故曰"甚易行"也。惑于躁欲，故曰"莫之能知"也。迷于荣

利，故曰"莫之能行"也。

按：老子在第十七章讲"不出户，知天下，不窥牖，见天道。"因为"道有大常，理有大致。执古之道，可以御今。虽处于今，可知古始。"在通读完老子五千言的时候，我们就会发现，其实老子的观点非常的简单，也非常容易实行。简单，让我们迅速抓住万事万物的本质。易行，是因为明了其简单道理之后，接下来就是"为无为"即可。因为"为无为，以至于无所不为。"

言有宗，事有君。

注：宗，万物之（宗主）也；君，万（物、事）之主也。

按：显然老子的所有的言论都建立在一个根本的逻辑体系即"天人合一"的观点之上，一切事情都要回归到自然的最初的状态去理解它，这样可以把所有错综复杂的万事万物归根到一个简单的逻辑原点来，顺天道而为。也就是说世间的万事万物都是由"道"来决定的，因为"道生一，一生二，二生三，三生万物。"从历史的背景去看，老子在任周天子守藏史官职的时候，经常去为天子国君去做政策咨询，他一定是有事实根据，有史实背景才能说出了《道德经》所有论点的。所以老子"言有宗"。

夫唯无知，是以不我知。

注：以其言有宗、事有君之故，故有知之人，不得不知之也。

知我者希，则我者贵。

注：唯深，故知之者希也。知我益希，我亦无匹，故曰"知我者希，则我（者）贵。"

按：最后老子也很发出了感慨，正因为我（老子）的思想是如此的深奥玄妙，同时又可察觉万事万物之本质，道乃简单易行，"大道至简"啊！所以能够知道我的思想的人真的是稀少，如果能遵照我的思想实行的人，更是难能而可贵。

是以圣人被褐怀玉。

注：被褐者，同其尘；怀玉者，宝其真也。圣人之所以难知，以其同尘而不殊，怀玉而不渝，故难知而为贵也。

按：被褐，是指穿着普通人的衣服，不显露也不突出。怀玉，指的是把玉包裹起来，不要让它显露出来。

白话直译

老子说，我的话很容易理解，很容易施行，但是天下竟没有谁能理解，没有谁能够实行。言论是有来源的，行事是有事实依据的。正因为人们不理解这个道理，因此才不理解我。能够理解我的人很少，能够从我这里取法的人就更难能可贵了，因此有道的圣人总是穿着粗布衣服，怀里面却揣着一块美玉。

财富管理与投资视角

通过老子的总结，其实我们发现在财富管理的道路上，财"道"其实是很简单的而且也很容易去实行的。因为财富管理是在一条长期主义的道路上行走；与伟大道德实践家同行便是一种价值投资。人的一生都应该去管理好自己的财富。而这种知识越早学习越好。同时我们也应该明白，健康也是人生最大的财富。那么就要求我们更应当及早的学习，健康的知识，管理好健康的身体才能管理好人生最大的财富。无为而治，顺其自然，遵循自然的生理法则，才能够管理好身体的健康。切记透支身体，透支健康，也是透支财富。

第七十一章

知或不知，思辨则明

原文

知不知，上；不知知，病。夫唯病病，是以不病。圣人不病，以其病病，是以不病。

注释

知不知，上；不知知，病。

注：不知，知之不足任，则病也。

圣人不病，以其病病，是以不病。

注：病病者，知所以为病。

白话直译

知道自己还有所不知道是很高明的。不知道却认为自己知道是很糟糕的。有道的圣人没有缺点，因为他把缺点当成是缺点，正因为他把缺点当成缺点，所以他没有缺点。

解读

老子在这一章给我们的头脑做了一个思维的训练，其实是从否定之否定的角度去进行哲学的思辩，也是给世人敲一个警钟，所以我们要很清醒的去做辨析理解，当你明白其中道理之后又恍然大悟，其实很简单。这个道理就是他解释了第七十章为什么世人很难理解他思想的逻辑根源，指出凡人与圣人的区别。凡人自认为知道了，但实际上并不知道，这也就是后来王阳明的心学讲了一句很经典的话，通俗来讲就是说，"你以为你知道，其实你根本不知道！"所以老子在这篇里面提出了一个观点，知道不知道，这是一种高明的智慧。"知不知，上"。但是往往凡人是不知道自己不知道，却假装自己很知道，以为自己什么都懂，结果这是一种有病的心态。"不知知，病！"而圣人之所以是圣人，而恰恰是他认为自己有缺点。所以才认真的去改正缺点，修为自己的德行，反而没有了缺点。"吾一日三省吾身"，"夫唯病病，是以不病。"也就是说，人贵有自知之明；圣人不是没有毛病，而是圣人能够去发现自我的缺点和不足，然后去克服缺点，改掉缺点，他就慢慢的成为没有缺点的人。所以人一定要学会谦虚，不知道的就是不知道，不明白的就问明白，切忌不懂装懂，这既是做学问的方法，也是一种人生的处世哲学。

财富管理与投资视角

在投资这条长期主义的道路上，面临的问题和困难一定会有很多，要学习的内容肯定也很多，所以要终身学习，不可骄傲自满；老子非常智慧，所以他在七十一章提醒我们：很多时候，我们以为自己知道了很多事情，但其实我们根本不知道。这是投资者经常要进行自我反问，自我反思的一个重要的问题。因为"祸莫大于轻敌"（第六十九章）。

第七十二章

自知不自见

原文

民不畏威，则大威至。无狎其所居，无厌其所生。夫唯不厌，是以不厌。是以圣人自知，不自见；自爱，不自贵，故去彼取此。

白话直译

老百姓不畏惧统治者的威压时候，那么更可怕的祸乱就要发生了。不要造成老百姓流离失所，不要阻塞老百姓的谋生之路。只要做到以上这两点，老百姓就不会生厌恶心。所以作为得道的圣贤，虽然有自知之明，但不表现自己，虽然有自爱之心，但不要凸显自己的高贵。所以取自知和自爱，去掉自见和自贵。

注释

民不畏威，则大威至。无狎其所居，无厌其所生。

注：清静无为谓之居，谦后不盈谓之生。离其清静，行其躁欲，弃其谦后，任其威权，则物扰而民僻，威不能复制民。民不能堪其威，则上下大溃矣，天诛将至。故曰，民不畏威，则大威至。无狎其所居，无厌其所生。言威力不可任也。"

按：在这里王弼显然是对于王权权威的一种清醒的认知，告诫君主不可滥用权威。这实际上是让我们明白治理天下的方法和治理国家的模式，一定要回归道的自然规律。即君王应当守住"清静无为"之心，则天下自正。

夫唯不厌，

注：不自厌也。

是以不厌。

注：不自厌，是以天下莫之厌。

是以圣人自知不自见。自爱，不自贵，故去彼取此。

注：不自见其所知，以耀光行为也。

按：耀光的意思是光而不耀的反义词。老子在第五十八章提出圣人之治应当"光而不耀"。所谓"明道若昧"也。换言之就是真正有道的人是往往是深藏而不露。通俗的话来说就是有智慧的人，有料人，反而不显摆自己。

财富管理与投资视角

本章实际上老子对自我管理提出理想模式。所以在七十二章里老子对七十一章观点的进一步补充阐述。从财富管理者来讲，就是对自身的进一步反思：作为管理者最忌是刚愎自用，自以为是，不以为然。所以有智慧的管理者应当是向圣人学习。"是以圣人自知，不自见；自爱，不自贵，故去彼取此。"另外。居安思危也是投资者应当时刻持有的正确心态，因为"民不畏威，则大威至"。

第七十三章

勇敢利害，禅然善谋，
胜应自来，万无一失

原文

　　勇于敢则杀，勇于不敢则活，此两者，或利或害。天之所恶，孰知其故？是以圣人犹难之。天之道，不争而善胜，不言而善应，不召而自来，繟然而善谋。天网恢恢，疏而不失。

注释

　　勇于敢则杀，

　　注：必不得其死也。

勇于不敢则活。

注：必齐命也。

此两者，或利或害。

注：俱勇而所施者异，利害不同，故曰"或利或害"也。

按：以上的两种都是一种勇敢的行为，只是施行的时候方向有所不同，结果也完全不同。

天之所恶，孰知其故？是以圣人犹难之。

注：孰，谁也。言谁能知天意邪？其唯圣人（也）。夫圣人之明，犹难于勇敢，况无圣人之明，而欲行之也。故曰"犹难之"也。

天之道，不争而善胜。

注：（天，夫）唯不争，故天下莫能与之争。

不言而善应。

注：顺则吉，逆则凶，不言而善应也。

按：显然在古时候与君王讲话要很注意分寸。如果讲的非常顺合君主的口味，这当然是大吉大利，是件好事，如果表达出的意思刚好与君主的观点相左，与他逆向而行，则可能会招来杀身之祸，这就是极大的凶险。所谓祸从口出，所以不言语，不出声反而是最上策的应对君王的观点。

不召而自来，

注：处下则物自归。

按：从自然界去观察，我们就会发现凡物处在下游的方向，水流自然向其归来。不需要你去召唤他，自然而然的来到面前。为何？自然之道也。

繟然而善谋。

注：垂象而见吉凶，先事而设诚（诫），安而不忘危，未兆而谋之，故曰繟然而善谋也。"

按：王弼这里对谋划的理解和阐述太精妙了！居安而思危，其未兆易先谋。用观天象去占卜事情可能出现的吉凶祸福，在事情还没有开始之前就设想各种可能出现的问题和可能遇到的情形，处于安全的时候从来都不忘记危机的潜藏。谋划在事情还没有出现征兆之前这就叫善谋。"繟"字借为"坦"，平坦而无私。也可以等同于"禅定"的意思。只有在禅定的状态下才可能产生大智慧；有大智慧的决策才是最上等的谋略。

疏：帛书甲本："彈而善谋"。乙本："單而善谋"。后世之注多认为"繟、坦、墠三字音相近，得通用。参考甲、乙本"彈、單"字，均当通假为"坦"，作"坦而善谋"。说文：坦，安也。坦然，谓安然也。静而能安，安而后定，定而后虑，虑而后能谋。此谋即善谋也。这与《大学之道》"知止而后有定，定而后能静，静而后能安，安而后能虑，虑而后能得。物有本末，事有终始。知所先后，则近道矣。"同理。

白话直译

勇猛而刚强的性情，最后的结果，往往是死路一条。智勇而柔弱的性情，就能保住性命。这两者一个对人有利，一个对人是有害的。

天所厌恶，谁知道是什么原因，连圣人都难以把它讲得明明白白。自然的规律告诉我们，不争斗而善于取胜；不言语，却善于应对；不召唤而自动到来；坦然而善于安排筹划。大自然是无边无际，如此的宽广，但是自然从来都没有漏失过。

财富管理与投资视角

勇敢要讲究谋略，要权衡利害。谁能知道天意呢？圣人再开明，在面对抉择时也很难做判断。何况凡人没有圣人的开明智慧而去盲目行动，更加困难。故曰"犹难之"。

"禅（坦）然而善谋"，王弼注"垂象而见吉凶，先事而设诚，安而不忘危，未兆而谋之，故曰禅（坦）然而善谋。"圣人在禅定状态下可以观天象而知预测吉凶，在事情还没有发生之前做预判，居安而思危，万事万物没有征兆之前进行谋划与运筹。这就是禅定之后的大智慧。从投资的角度来看也是如此。一个重大投资行动，往往是先谋而后动，只要遵循了大道之法，在心极其安静的时候，深入禅定的境界就能有大智慧的产生，有大智慧就能够有大谋略。老子是想告诉我们遇事不要惊慌，要顺应自然，"归根曰静"，而不要燥动自扰，心"清静则天下自定"，投什么？怎么投？自然就明白，这才是真正的勇敢智慧。投资绝对不是冲动的行为，也不是盲目的从众行为。老子经常告诉我们遇事先安静，说"不！等一等，让我想一想，让我静一静。"先谋而后动。"禅（坦）然而善谋，天网恢恢，疏而不失。"

第七十四章

越俎代庖，希有不伤

原文

民不畏死，奈何以死惧之！若使民常畏天，而为奇者吾得执而杀之，孰敢？常有司杀者杀。夫代司杀者杀，是谓为代大匠斲，夫代大匠斲者，希有不伤其手矣。

注释

民不畏死，奈何以死惧之！若使民常畏天，而为奇者吾得执而杀之，孰敢？

注：诡异乱群，谓之奇也。

常有司杀者杀。夫代司杀者杀，是谓为代大匠斲，夫代大匠斲者，希有不伤其手矣。

注：为逆，顺者之所恶忿也；不仁者，人之所疾也。故曰"常有司杀"也。

直译

人民不畏死亡，为什么用死来吓唬他们的？假如人民真的畏惧死亡的话，对于为非作歹的人，我们把他抓来杀掉，谁还敢为非作歹。犯了法的人应当由司法机构来处理，如果看到别人为非作歹就私下去处理这些问题，这叫做自己以身试法，越俎代庖。就好象不会伐木的不懂木工活的人，去代替了高明木匠的工作，最后肯定自己会遭到巨大的伤害。

财富管理与投资视角

本章是以司法问题作为例子，讲老百姓的心理。人们在太平盛世安居乐业的时候，都想养护身体，而乱世和过重的刑法之下，人们恐怕把身体都看得淡了，所以人们就不害怕死亡，如果这样的话天下就难治理了。所以法律不能过于严苛，但是又不能没有法律。

在财富管理的问题上面，投资作为其中一项具有巨大回报，同时又具有巨大风险的管控项目，如何处理好这种获利与风险的矛盾关系？还是应当明白，专业的事情就交给专业的人去做。在没有投资理念和投资相关的知识背景下，冲动的做出这种行为，往往受伤害的就是自己。所以人们在投资的问题上，应当咨询有专业知识背景的投资专业人士，或者请有专业的有经验的投资专业人士作为投资顾问。

第七十五章

厚生轻死，民从上也

原文

民之饥，以其上食税之多，是以饥。民之难治，以其上之有为，是以难治。民之轻死，以其求生之厚，是以轻死。夫唯无以生为者，是贤于贵生。

注释

王弼全文注：言民之所以僻，治之所以乱，皆由上，不由其下也。民从上也。

直译

　　人民之所以遭受饥饿，就是由于统治者吞吃的赋税过多，所以人民才陷入饥荒。人民之所以难以统治是由于统治者的政令繁苛，妄加施为，所以人民就难以统治。人民之所以轻生，冒死触犯法律是由于统治者为了奉养自己，把民脂民膏都搜刮净了，所以人民觉得死了也不算什么。只有那些不去追求生活享受的人，才比过分追求奢华享乐的人高明。

解读

　　如果把七十四章和七十五章两章内容连起来，理解就比较容易明白，老子在这里是告诫统治者，用真正顺应自然之道，才是真正解决治理百姓的方法。从历史的角度看，春秋战国时期，各国之间，战乱不断；国家内部矛的尖锐，人民反抗频起，所以统治者总是想寻找最好的治理百姓方法。如果君王总是站在与老百姓相对立的一面，总是只追求统治者自身的荣华富贵及享乐，而向百姓强征重税，剥夺老百姓财物，另一方面又用严酷的法律制裁百姓，这样就把官民矛盾激化了，民众肯定难以治理。"民之所以僻，治之所以乱，皆由上，不由其下也。民从上也。"（王弼注）也就是说，民治的根源都在统治者上层，而不是由下层决定的。

　　从现代企业管理的角度来讲，企业管理者同样要明白这个道理，员工跳槽、怠工或难以完成任务，实际上还是要从管理者自身及管理方法上找原因，如果管理者只图自身之私欲享乐，把执行自己的主观意识看得非常的重，那么员工就可能会貌合神离，奋起反抗。所以管理者应该体恤员工的疾苦，要朴素、无为、自然大公无私。

财富管理与投资视角

"上之有为，是以难治。"管理的最高境界是无为而治。"无以生为者，是贤于贵生"。当我们在财富管理过程中把金钱的问题看平常看平淡，往往无为而治，无视金钱，不过分的看重金钱，或许财富反而会自然而然就来了。"为者败之，执者失之。"在现代金融市场中，有一些人在用拆东墙补西墙的冒进方法从事业务，其中必隐藏大患。

第七十六章

强大处下，柔弱处上

原文

人之生也柔弱，其死也坚强。万物草木之生也柔脆，其死也枯槁。故坚强者死之徒，柔弱者生之徒。是以兵强则不胜，木强则兵。强大处下，柔弱处上。

注释

人之生也柔弱，其死也坚强。万物草木之生也柔脆，其死也枯槁。故坚强者死之徒，柔弱者生之徒。是以兵强则不胜，

注：强兵以暴于天下者，物之所恶也，故必不得胜。

按：强暴的战争往往犯下杀害生灵的暴行，这是自然所憎恶的，是不得人心的，所以强兵并不能够取胜。

木强则兵。

注：物所加也。

按：树木长成材之后，往往被砍伐利用。

强大处下，

注：木之本也。

按：大树的根部反而是非常的牢固，不管狂风暴雨也难以吹倒树根。

柔弱处上。

注：枝条是也。

直译

人活着的时候，身体是柔软的。人的生命终止而死亡后，身体则是僵硬的。在大自然中，草木生长的时候，也是呈现一种柔软而脆弱的状态。而当草木死亡之后就干枯而僵硬了。常见森林枯枝败叶，僵木空心，逐渐腐败消亡。因此，凡是强硬的东西都是属于死亡一类。凡是柔软柔弱的东西属于生存一类。

所以说用兵之道，如果逞刚强，最后就会遭到灭亡。自然界中树木长得非常大，就会遭受砍伐和挫折。因此老子指出，强势坚硬的一方反而处于下位，柔软弱小的一方则属于上位。

解读

老子在这章里面讲了一个非常深刻的道理。正如他在道经上讲"反者道之动，弱者道之用"的观点一脉相承。王弼注"强兵以暴于天下者，物之所恶。故必不得胜。木强则兵，物所加也。强大处下，木之本也。柔弱处上，枝条是也。"

在现代经济社会中，经常可以见到坚硬强大势力的一方和柔弱微小的一方力量之间的博弈，或者说存在这样市场竞争态势，企业家该如何应对？在企业战略上非常需要有智慧。像毛主席说的"一切帝国主义都是纸老虎"，首先得有这个信念。信念的力量是无穷的。由此会产生办法去应对困境，去改变不利的局面。历史上有无数成功的战例证明的，这是军事统帅的大智慧。在市场经济中，经营企业道理亦如此。小微企业从创办起就会面对强大的市场竞争对手，这样的经营环境下，需要企业家有极强的信念和大智慧。当企业家认识到，任何事物都是从小微开始，面临强大的市场对手并不可怕，这是一种常态，只要企业家内心明白，"强大处下，柔弱处上"，柔弱也可以战胜强大，从而就变成了更强大。明白了这个道理，企业家遇到任何艰难困苦都不必畏惧，从而寻找到克服困难的办法，战胜困难，最终必将成功。

财富管理与投资视角

在金融市场上，老子思想同样有道理。当小微资本入市之时立刻面临风险巨大的市场环境，即便如此小微投资者也应当有信心、有雄心，以企业家精神面对市场，直面困难，运用"强大处下，柔弱处上"之智慧，重积德则无往不克。

第七十七章

损有馀则补不足，
为不恃功圣人道

原文

天之道，其犹张弓与！高者抑之，下者举之。有馀者损之，不足者补之。天之道，损有馀而补不足。人之道，则不然，损不足以奉有余。孰能有馀，以奉天下？唯有道者。是以圣人，为而不恃，功成而不处，其不欲见贤。

注释

天之道，其犹张弓与！高者抑之，下者举之。有馀者损之，不足者补之。天之道，损有馀而补不足。人之道，则不然。

注：与天地合德，乃能包之如天之道。

按：如果从天人合一的角度去理解老子的观点就非常容易明白，天地之间的自然规律，人一定要通晓，这才叫天地合德。但是很遗憾，人世间往往不是这样的。为什么？

"如人之量，则各有其身，不得相均。"

按：因为人太在乎自身，自己既得的利益。而不在乎外界和别人的利益。所以不能均衡。从养生角度也发现人之所以生病，往往就是不能够平衡营养，太过于追求某些食物的口感享受（比如就爱大鱼大肉），而忘记摄取均衡营养来源（比如有些人从来不吃蔬菜水果），从而导致各种疾病的产生。那么怎么办呢？

"如惟无身无私乎？自然，然后乃能与天地合德。"

损不足以奉有余。孰能有馀，以奉天下？唯有道者。是以圣人，为而不恃，功成而不处，其不欲见贤。

注：言（唯谁）能处盈而全虚，损有以补无，和光同尘，荡而均者？唯（其有）道（者）也。是以圣人不欲示其贤，以均天下。

按：解决的办法就是要修"为无为，事无事，味无味"，无为以致于无所不为。"是以圣人后其身而身先，外其身而身存（第七章），及吾无身，吾何忧之有？（第十三章）"是以圣人为而不恃，功成而不处。"（第七十七章）所以圣人拥有一种虚空的心态去修为自我，损有余而补不足，和其光，同其尘，做到阴阳平衡。"是以圣人不欲示其贤，以均天下。

直译

宇宙的自然规律，就好像人间的拉弓射箭一样。弦拉的太高了，就要放低一点，那么弦拉的太满也应该放松一下，让它放松一下。拉得不足了，应该补充一下力量。所以说天道，以天下为公。讲究公平和均衡。因此宇宙的自然规律就呈现此现象：出多了就减损下来，补充那些少的，少了就会加上，自然平衡。但是人间之道却不是这样，那些本来不富足的反而要去补偿那些富裕的，结果人世间往往是富者越来越富，而贫穷的人却越来越贫穷。谁能够做到富足了给予不富足的人呢？只有得道之圣贤人，才能够做得到。因为有道的圣贤人。做到却不占为己有，虽然成就了伟大的功绩，而从来不居功自傲，他从来都不愿意显露自己的贤能。

财富管理与投资视角

这章讲了一个天道自然的规律，俗话说"张弛有道"，这个观点其实适用于中医学的养生观，而对管理者来讲，在治理国家、管理企业方面也同样适用。这就是《道德经》的玄妙之处。通达天道，所谓"天网恢恢，疏而不失"。

从财富管理角度来看，本章指出舍与得的关系。俗话说，散财足以聚人；有舍必有得。得道的圣人会平衡舍与得的关系，把事情做成功了，也不张扬，不显摆自己。我们看到世界上成功的富豪，往往在慈善事业上很舍得，因为他们明白舍得越多，就会得到的越多。人在做事天在看，天眼看到你在这边舍弃掉的，在另外一边就会给你送回来的，这就是天道。同样的道理，西方有一谚语："上帝给你关上这扇门，同时就会在另外一面墙上给你开了一扇窗。"

第七十八章

正言若反、天下王道

原文

天下莫柔弱于水，而攻坚强者莫之能胜，其无以易之。弱之胜强，柔之胜刚，天下莫不知，莫能行。是以圣人云，受国之垢，是为社稷主，受国不祥，是为天下王。正言若反。

注释

天下莫柔弱于水，而攻坚强者莫之能胜，其无以易之。

注：以，用也。其，谓水也。言用水之柔弱，无物可以易之也。

按：显然老子在讲解水柔弱胜刚强这种特性的时候，再进一步做了一个更加肯定的认知结论，正如滴水可穿石，这是真理，无可否认。

弱之胜强，柔之胜刚，天下莫不知，莫能行。

按："柔弱胜刚强。"（第三十六章）；"故坚强者死之徒，柔弱者生之徒。是以兵强则不胜，木强则折。强大处下，柔弱处上。"（第七十六章）

是以圣人云，受国之垢，是为社稷主，受国不祥，是为天下王。

按：老子由自然的现象推演出自然的运行法则；从而推及人之处事方法，人王之治法，都是应回归根本，向自然学习，因为"人法地，地法天，天法道，道法自然"。

正言若反。

按：反者道之动，弱者道之用。（第四十章），从反面去理解问题，一切皆可释然。"受国之垢"，不重要，日后可"谓社稷之主。"，"受国不祥"，也没关系，这不重要，重要的是日后可以"为天下王"。这也启发了后世儒家思想，孟子说："故天将降大任于是人也，必先苦其心志，劳其筋骨，饿其体肤，空乏其身，行拂乱其所为，所以动心忍性，曾益其所不能。"

本章通译

普天之下没有比水更柔弱的了。但是攻坚克强却没有什么东西可以胜过水。所以在第七十八章里面，我们又看到老子在五千言道德经里面最推崇的水之品德，即"柔弱胜刚强"（第三十六章）。而且老子为后人开示智慧的时候，经常讲矛盾的对立面，是可以互相转化的。老子一直强调就是贵柔、守弱、守雌这样的观点。因为弱小的能够战胜强大的，柔弱的可以战胜刚强的。普天下之人都知道这个道理，但是能够做得到的人却很少。所以古代得了道的圣贤人常讲，能够承担国家的屈辱，他就可以担当国家的君主；能够承担国家的灾难和凶险，就可以成为天下之王者。而很多正确的话，往往都需要从反面的角度去进行解读才能理解透彻。

财富管理与投资视角

第七十八章，位于《道德经》全文八十一章即将结束的时候，老子再一次强调了水的德性，为什么？反观"天下大事，必作于细。"我们可以从本章中悟出两层智慧：

第一层智慧：弱小，但不必要害怕。因为万物起源皆在此。"无，名万物之始"，"执古之道，以御今之有。"我们把这个真理运用到现代的经济生活领域。小投资者如何做大？小微企业如何从小做大做强？首先要明白小和弱并不可怕，一切都起源于微小。现代普通人往往非常羡慕别人家：他是一家伟大的企业家，他是一个伟大的了不起的人物，却往往忘记了他也是从婴儿成长开始的。正如书法学习一样，人们看历史上的书法家所书写的作品浩如烟海，长篇巨制，往往惊叹古人非常的伟大而不可及！其实元代书法家赵孟頫也有一句话说，"书法以用笔为上"，中国书法的学习路径从来都是从最简单的从一点一横一竖一撇一捺开始；同样道理，武术功夫，舞蹈，钢琴，歌唱等等高超技能也都是从基本功训练开始起，也就是说万事万物都是从微小起来的，所以明白了水"柔弱胜刚强"的道理，可以为我们现代的创业者，小微投资人提供了一个认知方向，你的创业方向是什么？你的投资愿景是什么？先认清自我，不忘初心坚定信心才可能去克服困难，因而就不会受暂时出现在面前的困难影响而不敢前进了。这叫做"定力"。

第二层智慧：遭受屈辱，也不必要委屈。这叫做"忍辱力"。当人生遇到不祥之兆，当企业家在发展事业过程中遇到别人误解甚至是屈辱等等重大的困难事件也要摆正心态。"受国不祥，是为天下王"，这句话的智慧在于让我们明白，遇事尤其是遭遇到困难、挫折、屈辱，其实只要摆正了心态，心定了，就会产生极强的忍辱力量。"正言若反"。正如老子说"反者，道之动。弱者，道之用。"就是要告诉我们，一定要把这个心定住，遇到逆境，遭遇受屈辱的时候，有定力后产生的忍辱力是攻无不克的。这是水之德性，这是"为无为"高明之处，没有谁可以代替它，这是一种真理。只要我们明白其中奥妙，拥有定力，然后去拥抱忍辱力，有了这两个力的加持，就会产生智慧力，我们去做任何事业，都可以获得真正的胜利！"是为社稷主，是为天下王。"

在投资这条长期主义的路上如此，人生亦不过如此！只不过投资的过程更容易历练人性，磨砺心性。市场起起伏伏，人生亦何尝不是如此？拥有定力，生活才淡定；拥有忍辱力，生活才会有希望！因为退一步，海阔天空。过了这一坎之后，你"是为社稷主"，你也可以"是为天下王。"

第七十九章

天道无亲常与善人

原文

和大怨，必有馀怨。安可以为善？是以圣人执左契，而不责于人。有德司契，无德司彻。天道无亲，常与善人。

注释

和大怨，必有馀怨

注：不明理其契，以致大怨已至。而德以和之，其伤不复，故有馀怨也。

安可以为善？是以圣人执左契，而不责于人。

注：左契，防怨之所由生也。

按：左契，契分左右以为对质。左契乃受责者之所执。执左契者，己不责于人，待人来责于己。有持右契来合者，即与之，无心计较其人之善否。

所以在这里"圣人执左契"就是说，圣人根本不计较这些怨恨，不管别人是不是有善意。"而不责于人。"

有德司契，无德司彻。

注：有德之人，念思其契，不（念）怨生而后责于人也。

彻，司人之过也。

按：通俗来讲这是两种对待怨恨的态度。一种是有德行人，他只管把协议契书签署好，陈放起来就行了。而另外一种无德行人总是思念惦记着怨恨，也就是说他老记仇。关注着别人的错误，念念不忘。这种人活得很累。

天道无亲，常与善人。

按：老子说"天地不仁，以万物为刍狗，圣人不仁，以百姓为刍狗。"（第五章）也就是说自然界是没有偏见的，没有亲疏的情感。所以上天是平等的，公平的。道常无为，自然保持平常的心态去对待一切的怨恨，这样生活反而非常的祥和致善，没有灾祸。所以明白了这种处事态度的人，善于处理一切事情，从而趋吉僻凶，成就万事万物。

所以愿我们大家都做善良之事，做善良之人，这样就会得到天道的加持。因为"天道无亲，常与善人。"

直译

如果把大的怨恨和解了，最后还是会留下小怨。那怎么样才可以更为妥善的处理呢？所以圣人保存好契书。而并不是用这个来强迫别人偿还债务。有德的人就好像手里面是有契书的圣贤那样宽容，而无德的人就像掌握税收的人那样以非常严苛的方法去催债。自然界自然的规律对所有人都是平等的，没有偏执，经常帮助那些善良的人。

财富管理与投资视角

第七十九章里面老子实际上是讲了一个如何处理矛盾的方法。他主张用德的方式去和解。

在经济生活中，财务之间的往来是常有的事，在这财富管理中非常的重要，所以现代企业都会有出纳与会计，有专业的财务人员去处理财会事务，公司与公司之间有合同法规去处理彼此的往来经济关系。但是在现实经济生活中，经济交往必然会有利益之间的一些争夺与纠纷。当然也会导致人与人之间的矛盾。

面对这些矛盾应当如何处理？老子教导我们常以人为善。老子全书八十一章里面，在最后接近尾声讲出了矛盾的处理原则，如果是从财务的角度讲真的太重要了！前面讲了这么多都讲管理财富与获取财富之法，但是老子更清醒更高明，因为他明白一旦讲钱财，人与人之间就会因为争夺利益，免不了产生矛盾；矛盾有了怎么办？如何化解，用什么方法？用什么原则？这很重要。第七十九章老子道出其的智慧："是以圣人执左契，而不责于人。有德司契，无德司彻。天道无亲，常与善人。"

第八十章

小国寡民安其居

原文

　　小国寡民，使有什伯之器而不用，使民重死而不远徙。虽有舟舆，无所乘之；虽有甲兵，无所陈之；使人复结绳而用之，甘其食，美其服，安其居，乐其俗。邻国相望，鸡犬之声相闻，民至老死不相往来。

注释

　　小国寡民。

　　注：国既小，民又寡，尚可使反古，况国大民众乎！故举

小国而言也。

使有什伯之器而不用，

注：言使民虽有什伯之器，而无所用，何患不足也。

使民重死而不远徒。

注：使民不用，惟身是宝，不贪货赂。故各安其居，重死而不远徒也。

疏：长沙帛书甲、乙本文均为"使民重死而远徒"，

"远"，此处作"疏"、"离"解，是动词。即言"使民重死而离别迁徒"，所以其本原意为"使民重视生命而避免流动。"

虽有舟舆，无所乘之；虽有甲兵，无所陈之；使人复结绳而用之，甘其食，美其服，安其居，乐其俗。邻国相望，鸡犬之声相闻，民至老死不相往来。

注：无所欲求。

直译

使得国家变小，使人民变少，即使有很多的器具也不使用。资源很丰富，人们也不去开采。由于人们很喜欢自己的家园，而且重视死亡。所以就没有人去远方寻找所谓的外面的精彩世界。

虽然有船只和车辆，但是人们并不常坐，虽然很多兵力和战斗用的武器装备，但是很少人去排兵布阵，使用这些装备去打仗。所以使得人们恢复到上古的洁身即逝的年代，天下就得

到了安定和大治理。

人们品尝美食，穿着漂亮的衣服，住着豪华的居所，人们都会遵循自己的民俗而得到喜乐，国与国之间，能够一眼就看得到，鸡叫狗叫的声音，相互都能听得到，但是相互之间从不往来，国与国之间也不相互奔走，也就是说人们都住在自己住的地方，非常满足地生活，这种相互尊重，各自有独立的生活空间，又不相互干扰，不相互破坏，不相互攻击的社会，就是老子所提倡的一种纯朴的，符合道的社会。

解读

如何去理解老子所提出的"小国寡民"的理想？这个值得深思，我们从历史的角度去看，老子所处在的是春秋战国时期，那个年代战乱纷纷，国与国之间经常打仗，大国欺负小国，导致民不聊生，在这样的社会环境和历史的条件下，老子的无为思想，最终落实到治理国家上面就应当是建立一个和平的国家，建设一个祥和的社会。

王弼注"国既小，民又寡，尚可以使反古，况国大民众乎！故举小国而言也。"所以老子提出一个小国治理就可以做到祥和安定。大国也应当向小国学习这种治理模式才能够达到天下太平。据《史记》记载，老子出生地位于陈国苦县厉乡曲仁里，陈国在春秋战国 140 多个诸侯国之间就是很小的一个国家，所以可能他出于对他的家乡思念，对周天子治理天下也提出了自己的理想。

那么"小国寡民"在当代的社会治理上面有没有积极意义呢？反思近些年来，世界风云变化，特别是 2022 年欧洲局势巨变，俄乌战争爆发，全球政治经济格局发生了重大的改变。新冠疫情全球泛滥，我国采用最理想的方法去处置疫情的传播，启用国家甲级传染病防控措施管控疫情，紧急情况下不得不封闭街道封闭社区，乃至按下整个城市的暂停键，其实这也是一种小国寡民式管理方法，让世界更加祥和。现代出行的工具非常的多样，包括汽车，轮船，火车乃至天上飞的飞机，每年的交通事故也很多。2022 年虽然过去了，但我们不能忘记 3 月 21 日发生的"321 东航空难"吧！所以小国寡民的理想也是人们爱惜生命的方法，这对于当今世界来讲仍然是有积极意义的，如果你相信并用这个方法去修为自我，一个是远离疫情的传播和远离所有可能出现的灾祸的出行方式，反而可以安定祥和的生活，平平安安的过好一生，这恐怕就是"小国寡民"的积极之处。

财富管理与投资视野

从世界投资圈的视野去看"小国寡民"这个理想国是存在有的。我们且看达沃斯世界经济论坛。达沃斯其实是一个位于瑞士阿尔卑斯山滑雪胜地下的一个小镇。但是世界的富豪们，包括国家元首、投资大行基金经理、跨国公司高管、学术界精英等定期都会这个小地方的会面，拓展最高端的金融投资圈人脉，这里是世界顶级精英圈的缩影。但是达沃斯论坛是有非常高的门槛的，不是谁都可以进入到论坛里面，受到邀请的都是世界上顶尖富豪或者具有巨大影响力的政、商、学界领袖，才可以获邀到论坛上参加研讨活动。而且达沃斯论坛安保是极为严格。据说要去这个小镇，要么乘坐专用的直升飞机翻山越岭才能到达；要么沿着山路盘桓而上，登临阿尔卑斯山脉，随着高海拔的提升，积雪逐渐增厚，路边森林松树银装素裹。再通过层层安检关卡才能到了达这个其貌不扬的达沃斯小镇。我想这个达沃斯小镇恰恰是老子所提出的理想小国吧！因为世界金融乃至全球财富永远都掌握在全球最少部分人的手中。而事实上从事金融和从事实体经济的人数来比，永远都是做金融与虚拟经济的是少部分人。这或许也是为什么世界上有那多人都看不懂投资，也没有办法进入投资界，更没有办法从投资上获取成功的原因之一吧！

第八十一章

既以为人己愈有，
既以与人已愈多。

原文

信言不美，美言不信。善者不辩，辩者不善。知者不博，博者不知，圣人不积。既以为人，已愈有；既以与人，已愈多。天之道，利而不害，圣人之道，为而不争。

注释

信言不美，

注：实在质也。

美言不信；

注：本在朴也。

善者不辩，辩者不善。知者不博，博者不知。

注：极在一也。

圣人不积

注：无私自有，唯善是与，任物而已。

既以为人，已愈有；

注：物所尊也。

既以与人，已愈多。

注：物所归也。

天之道，利而不害。

注：动常生成之也。

圣人之道，为而不争。

注：顺天之利，不相伤也。

直译

可信的言语往往不是很动听入耳的，而华美的言语用来装饰的话语，往往是可信度不足。善良的人是不善于巧说争辩的，而巧说善辩的人不一定善良。智者往往不会卖弄自己的学问，而卖弄自己学识的人往往都不是智者。

圣贤者往往不存私心去占为己有，他越是去帮助别人，自己也越富有。越是去给予别人，自己反而能得到越多。自然的规律就是要让万事万物都得到好处，而不加以损害。圣人不与人争夺，而是以身作则。

解读

第八十一章是《道德经》的最后一章，老子对他的天地人合一的观点做了一个总结，也称之为圣人之道。德行就是通达了天道之后的人之行为，这种人称之为圣贤之人。圣人之道就是"为而不争"，即老子的"无为论"落实到人的行为中的一个注解。这里面有三层意思。

第一层意思讲诚信与善良的区别；

第二层意思讲的是去欲不贪的价值；

第三层意思讲无为而治是圣人之道。

老子讲"信言不美"，因为话里面很实在，不善用言辞去包装的，所谓话虽粗糙理不糙。"美言不信"，而善用言词，包装的语言往往华而不实，因为道的根本是在朴实里面。"善者不辩，辩者不善，"善辩的人往往不一定是心存善念。因为心存不善与虚伪，所以要与人相争。"知者不博，博者不知"，有智慧人往往不需要太多去辩论了，夸夸其谈的人往往都是智慧不高的人。

"圣人不积"，无私自有，唯善是与，任物而已。（王弼注）得了道的圣贤人，不会为自己的私欲储存太多财物，因为圣人知道无中生有，唯有以善良慈悲与众生百姓，物质的东西顺其自然就会有了。所以"既以为人，已愈有；（物所尊也）"（王弼注）也就是说先把为人的根本德性培育好，即重积德。就像"千里之行，始于足下；九层之台，起于垒土"一样，"为大于其细"，随后自然逐渐会拥有物力、财力、能量力、影响力。

"既以与人，已愈多（物所归也）"（王弼注）。也就是说把自己所有先奉献于众人，最后财物能量也会归顺回来。"圣人后其身而身先。"

苏辙注：

"圣人抱一而已，他无所积也。然施其所能以为人，推其所有以与人，人有尽而一无尽，然後知一之为贵也。"

这句话我们可以这样去理解，得道的圣人，他就不会积累自己的私有的东西。他把所知道的都会告诉人们，把自己所有的学问的知识都传播出去，佛教称为"法布施"，而他把自己所有的财物也给予了众人，这样才得到众人的支持，佛教称"财布施"。这里要明白"一"即是道。因为"道生一，一生二，二生三，三生万物"这个"一"能量最大，因为人有之物是有形、有限的，而道"一"因其无形无限，所以可以产生无穷无尽之能量。无，名万物之始，有，名万物之母；无之以为用，有之以为利。圣人抱一守朴，归根曰静，一切皆会有，所以圣人不积，圣人为无为，天之道也。

财富管理与投资视角

　　《道德经》九九八十一篇，老子在这最末端的一篇里面，向后人开示的到底是什么智慧？我想其实是给了我们一个终极的愿景。投资行为目的是为了赚取财富，而人类创造财富之后，最终的目的是拿来做什么？这一点很重要。一个人心胸格局有多大，事业才能做多大！埃隆.马斯克说，他对金钱没有兴趣，他对财富的认知是，他认为财富是用来造福人类的，金钱只不过是在时间和空间之间进行信息交换的数据库。所以2022年，据福布斯全球亿万富豪排行榜称，埃隆.马斯克以2190亿美元财富位列全球富豪榜第1名。要想成功，记住："既以为人，已愈有；既以与人，已愈多。天之道，利而不害，圣人之道，为而不争。"

参考文献

1.《老子道德经注校》（魏）王弼注；楼宇烈校释。（中华书局，2008 年 12 月）

2.《老子校释》朱谦之撰，（中华书局，1963.11）

3.《老子哲学与现代管理》隋广义著，（上海社会科学院出版社，2021）

4.《老子道德经》熊春锦著，（国际文化出版社，2019.10）

5.《马王堆汉墓帛书》国家文物局文献研究室编（文物出版社，1980.3）

6. 崇贤馆善本《道德经》宣纸线装版（北京联合出版社，2020.3）

7. 中华经典名著全本全注全译丛书《老子》汤漳平、王朝华，（中华书局，2014.7）

8. 中国古典名著译注丛书《老子注译及评介》陈鼓应著，

（中华书局，1984.5）

9.《道德经诗译》张南著，（海天出版社,2019.5）

10.《道德经释义》任法融著，（东方出版社，2012.7）

11.《素问悬解灵枢悬解》（清）黄元御撰，（中医古籍出版社出版,2016.1）

12.《逆向投资心理学》汉诺.贝克（德国）著，（四川人民出版社）

13.《太上老君说常清静经》简称《清静经》

14.《老子道德经》（汉）河上公 章句 唐子恒 点校（凤凰出版社，2017.10）

15.《格雷厄姆的理性投资学》（美）贾森.茨威格著，刘寅龙泽。（广东经济出版社 2015 年 5 月）

16.《王弼道德经注》（魏）王弼 注 边家珍 点校，（凤凰出版社，2020 年 4 月）

17.《丹溪心法》元 朱震亨 撰，王英 竹剑平 江凌圳 整理，（人民卫生出版社，2020 年 1 月）

18.《医宗金鉴》清·吴谦等编 郑金生 整理（人民卫生出版社 2006 年 8 月第一版）

19.《金融超级人脉》（德）桑德拉.纳薇蒂著（广东人民出版社 2018 年 7 月）

20.《易经活解》邱宗云著（团结出版社 2012.12）

21.《老子道德经解》憨山著 梅愚点校（崇文书局 2021 年

5 月）

22.《帛书老子校注上下）高明撰（中华书局 2022.9 重印）

23.《价值：我对投资的思考》张磊著（浙江教育出版社，2020 年 9 月）

24.《秋言物语 . | | 》马小秋著，（社会科学文献出版社，2021.1）

25.《投资悟道》隋广义主编（东华大学出版社，2022.7）

26.《小楷道德经》（元）赵孟頫书（吉林文史出版社 2006.8）

27.《老子绎读》任继愈著（国家图书馆出版社，2015.4）

28.《姬氏道德经》老子著 姬英明注（朝华出版社，2019.12）

29.《道德经》老子著 文若愚注泽（民主建设出版社，2018.11）

30.《奇门遁甲详解》张辉主编；刘杰民编（团结出版社，2011.1）

31.《富爸爸投资指南》[美] 清琦，[美] 莱希特著，（世界图书出版公司北京公司，2001.1）

32.《老子 . 庄子》（春秋）李耳（战国）庄周著，曹胜利编辑一函四册（线装书局，2013.1）

33.《中国哲学简史》冯友兰著；赵复三译。——北京：民主与建设出版社，2021.7

34.《道德经》春秋老子著，焦亮洋译。——北京：华龄出版社，2017.3

35.《道德经易诠》赵克强著，华夏出版社，2020.9

36.《道德经指要》悟义著，中国发展出版社，2019.11

跋

在本书的编写，修改审定的过程中，我曾反反复复多次易稿，每一次修改每一次感悟，都是对老子思想的重新认知，我想这也就是我们学习老子思想的意义所在，老子的思想确实是历久弥新。面对老子思想的博大精深，微言大义，本书的任何注释和推演其实都是微不足道的。因本人材疏学浅，本书可能只是众多老子注释的一个憋足的版本，或许也是微观投资心理学（或称为个人投资心理学）一个牵强的注解。但这些都不重要，重要的是老子思想在历经 2500 年后应用到当今的任何一个领域，任何人都会受益。卡尔.马克思说"哲学家们只是用不同的方式去解释世界，而问题在于改变世界。"（出自马克思《关于费尔巴哈的提纲》）只要我们用更开放的思维去接纳古圣先贤的经典思想，就能让古代智者的思想超越时空，为今人所用，为当代社会创造价值。老子曰"执古之道，以御今之有。"
岂虚言哉？

自赋歌云：

参悟天地，造化万机；

禅然善谋，空无生有。

一画元始，三阳开泰；

道隐术藏，玄鉴观变。

积善厚德，去华居实；

柔弱胜强，知止不殆。

以正治国，以奇用兵；

无事无为，天下自正。

图难于易，为大于细；

修道进德，无往不克。

悟涛

2022 年 12 月 25 日